Serge Ferrand

Papa, à quoi sers-tu?

ON A TOUS BESOIN D'UN PÈRE

Dépôt SARTEC No 15771

Catalogage avant publication de la Bibliothèque nationale du Canada

Ferrand, Serge, 1951-

Papa, à quoi sers-tu? : on a tous besoin d'un père

ISBN 2-922598-10-1

1. Père et enfant. 2. Pères - Attitudes. 3. Paternité. 4. Enfants - Attitudes.
5. Père et enfant - Cas, Études de. I. Titre.

HQ756.F47 2003   306.874'2   C2003-940388-2

Papa, à quoi sers-tu? On a tous besoin d'un père

Les Éditions Option Santé Enr.
675, Marguerite Bourgeoys, Québec (Québec) Canada G1S 3V8
Téléphone: 1 (418) 687-0245, Télécopieur: 1 (418) 687-1166
http://www.optionsante.com et info@optionsante.com

Mise en page: Chalifour Production Graphique
Photogravure et impression: AGMV Marquis
Photographie de l'auteur: Robert Etcheverry

Dépôt légal: 1er trimestre 2003
Bibliothèque nationale du Québec
Bibliothèque nationale du Canada

Distributeurs exclusifs

Canada	France	Belgique	Suisse
Messageries ADP	**DG Diffusion**	**Vander S.A.**	**Transat Diffusion S.A.**
955, rue Amherst	rue Max Planck BP 734	321, Ave des Volontaires	Case Postale 3625
Montréal, Québec	31683 Labège Cedex	B-1150 Bruxelles	1211 Genève 3
H2L 3K4	France	Belgique	Suisse
(1.514) 523.1182	(011.33) 5.61.00.09.99	(011.32) 27.61.12.12	022.342.77.40

Imprimé au Canada

« Les adolescents deviennent des voyous parce qu'ils n'ont pas de témoins. Des pères et des mères qui s'en foutent ou ni père ni mère. On peut faire n'importe quoi sans témoin intérieur. La plupart des adolescents criminels aujourd'hui sont des gosses qui n'ont pas de trou à eux, pas de coin à eux, où ils sont connus, où on les regarde ; le boulanger, l'épicier. Ils n'ont pas de point de référence, pas de centre de gravité, pas de témoins, alors là, on peut faire n'importe quoi, il n'y a pas de modèle. C'est le néant et ça permet n'importe quoi. »

— Romain Gary
« La nuit sera calme »
Éditions Gallimard, 1974

À mes fils, Jesson et Alix

Dans un monde où les sorciers
ne peuvent rien
contre la misère, la maladie
et la guerre,
où les nains restent petits,
où les laids restent laids,
où les pauvres restent pauvres,
où les abrutis restent des brutes
et où les cons restent des cons,
le bonheur, le respect de l'autre,
le combat pour la justice
et surtout, surtout l'amour resteront
à jamais les seules et uniques
armes.

— Serge Ferrand
Montréal, 2003

Table
des
matières

Papa, à quoi sers-tu ?

L'histoire d'un film

Avant-propos

Dans mon documentaire *Entre père et fils**, j'ai essayé de dire le maximum sur la paternité, mais cinquante-trois minutes c'est court pour traiter un tel sujet. Aussi, par respect pour ceux qui ont contribué à ce moyen métrage, j'ai écrit ce «making of» du film, l'histoire du tournage. La version intégrale du réalisateur, dit-on aujourd'hui. La majorité des entrevues de cette version proviennent de mes rencontres avec les participants lors de mes recherches et lors de la préparation du film. Hors caméra. C'est-à-dire avant le tournage et avant même l'écriture du scénario. J'ai changé quelques noms par respect, mais les personnages du livre et du documentaire sont les mêmes.

Je les remercie de leur honnêteté et je remercie mon éditeur, Yvon Dallaire, de leur avoir redonné, grâce à ce livre, toute leur dimension.

— Serge Ferrand
Auteur et réalisateur

---

* *Entre père et fils*, documentaire de 53 minutes. Productions Icotop Inc. Tourné d'octobre à novembre 2001, diffusé à TÉLÉQUÉBEC, oct. 2002. Écrit et réalisé par Serge Ferrand.

1

La mort du père : k.o. debout

Il pleut.

— Tu tiens vraiment à savoir comment il est mort mon père ?

Les essuie-glace de ma Mazda couinent à chaque va-et-vient. Sur la vitre leur trace décompose les lumières de la nuit en des taches jaunes, vertes et rouges, floues. Le jeune ado à côté de moi, casquette de baseball sur les yeux, main sur la poignée de la portière, s'apprête à sortir.

— Ben, tu veux ou tu veux pas que je te le dise ?

Je suis gêné. Quoi répondre ?

Ça faisait deux ans que je suivais Tonin et ses deux copains graffiteurs, Vido et Clo. Deux ans que je n'osais dire pourquoi vraiment leur histoire m'intéressait. Ils savaient que je préparais un documentaire sur les pères et les fils, bien sûr, mais à ce stade-ci de mes recherches, ils ne se doutaient pas de ce que j'attendais d'eux. Je tenais à conserver toute leur spontanéité pour la caméra.

— Écoute, Tonin, j'essaie d'être le plus honnête possible avec toi. Je ne parlerai pas de trucs si tu ne veux pas que j'en parle... Ce qui m'intéresse, c'est pourquoi vous faites des grafs et des tags ? Qu'est-ce qui vous pousse à barbouiller vos empreintes partout dans la ville après minuit ?

— Pourquoi tu nous poses ces questions sur not' père, alors ?

— Parce que je crois qu'il y a une relation, une dimension de mecs derrière tout ça... le besoin de laisser sa trace... Je ne sais pas.

Rapport entre l'absence ou la présence du père et la délinquance ; je n'avais pas encore osé aborder le cœur de mon sujet et voilà qu'il me le proposait. L'histoire de Tonin, j'en connaissais les grandes lignes. Je l'avais choisi pour ça. Lui en particulier. Or, pour mon documentaire, je devais en savoir plus. Mais soit par décence, soit par retenue ou lâcheté, je n'osais pas l'entendre. Cette même pudeur m'avait fait quitter le journalisme. Je détestais dévoiler au public, à travers des trous de serrure, les gens qui se déshabillent. À leur insu et pour les cotes d'écoute. Le côté voyeur, lorgneur ou profiteur, ce n'était pas moi.

Il attendait ma réponse. Comme je n'avais pas de magnétophone, il me lança :

— Ça fait deux ans que je te regarde aller avec ton film... On va chez toi, on mange avec toi. J'ai confiance. Tu veux ou tu veux pas que j't'en parle ? J'en ai jamais parlé à personne, même pas à mes amis. Ils savent que mon père est mort, mais ils ne savent pas comment.

— ...Oui, j'aimerais ça.

Tonin, soulagé, retira sa main gauche de la poignée et blottit son sac à dos contre son ventre. À deux mains.

— Mes deux parents étaient des hippies, tu sais. Mon père était vraiment fêlé. Ils travaillaient tous les deux dans le social. Ma mère s'est recyclée dans la gestion, mais mon père est resté pété... même s'il est devenu directeur de CLSC (Centre Local de Services Communautaires). Ils ont fini par se séparer, j'avais trois ans. Ça fait que j'ai vécu une semaine propre, une semaine rock'n roll. J'étais constamment en déséquilibre, mais je fonctionnais bien. Mon père prenait de la cocaïne et il avait des problèmes. Oh, c'était un bon père qui me montrait tout, mais il était plutôt «Heavy Metal».

De temps à autre Tonin détournait la tête vers l'avant de la voiture, comme pour récupérer ses images à travers le pare-brise.

— Un jour, lui un homme de la ville, il a accepté d'accepter un poste à Rouyn-Noranda... là-haut, dans le nord, à quatre heures de route de Montréal. Je crois qu'il voulait régler ses problèmes. Il a trouvé ça dur là-bas. C'était tellement calme. Il disait que ce qu'il trouvait le plus dur, c'était de s'entendre boire un verre d'eau. Moi, je faisais toujours l'aller-retour entre ma mère et mon père, une semaine sur deux. Puis, vers 16 ans, j'ai décidé de rester chez ma mère à Montréal. C'était là que j'avais tous mes amis. Mon père l'a mal pris. Je n'avais rien contre lui, mais toute ma vie était à Montréal.

Il regarda une fois de plus les taches qui s'étiraient sur le pare-brise.

— Mon père m'a toujours montré les *vraies* choses. Il m'a montré à prendre de la coke, de me méfier des vendeurs… Mais il devenait de plus en plus parano. Il pensait que tout le monde lui en voulait. Un jour à mon anniversaire, il est descendu à Montréal et on a «tripé» ensemble.

Tonin me dévisageait, plus que triste. Vide.

— Moi, je suis allé me coucher, mais lui a dû continuer. Pis, j'sais pas…je crois qu'on appelle ça «l'effet de braise»… Il a fait une «overdose» et je l'ai retrouvé en convulsions le lendemain matin devant ma porte. J'ai essayé de faire du bouche à bouche comme dans les films, mais il n'est pas reparti. J'étais comme «stone», man.

Les yeux de Tonin cherchaient quelque chose dans mon regard. Comme ces cockers qui fixent leur maître en se demandant s'il les suit et s'il leur donne la permission de continuer leur promenade.

— Même ma mère n'a pas pu me parler. La police m'a donné son portefeuille dans lequel il y avait cent dollars… J'ai acheté une bouteille de champagne et je me suis saoûlé avec mes copains jusqu'à ce que je me traîne à terre. Ça a duré un an. J'ai pris la mort de mon père comme si je m'étais fait frapper. Je ne suis jamais vraiment tombé et je n'ai jamais vraiment repris mon souffle. Je n'ai fait que continuer.

J'étais là à écouter un ado me raconter l'horreur, le cul bien calé dans ma banquette. L'intérieur de ma Mazda étais trop petit pour toute cette émotion. J'avais les yeux mouillés. Marc, le travailleur de rue, m'avait prévenu que ce même ne l'avait pas eu facile. Je me sentais coupable d'être là, d'écouter son histoire avec l'espoir d'en faire un documentaire. Soudain, mal à l'aise, je passai à autre chose :

— Le graf, c'est venu de là ?

— Il y eut un « avant » et un « après » la perte de mon père. J'ai ressenti sa disparition comme un coup de poing… mais je ne me suis jamais écroulé. J'étais révolté. Je me suis mis à faire des trucs. Tout à l'extrême. Le graf, je me suis plongé dedans. J'en voulais à la société.

Je le sentais à la fois nerveux et excité de me raconter son histoire.

— Puis, j'ai rencontré Vido et Clo. On a voulu faire notre premier graf et on s'est fait prendre par la police. On s'est tous retrouvés au poste 43. C'est pour cela qu'on s'est appelé « 43 INK » à un moment donné. Tu sais, quand on graf, on est en symbiose. Le graf, c'est notre art, c'est notre révolution…

Je n'avais pas de magnétophone et j'étais déjà certain qu'il ne me répèterait jamais ça à la caméra… ou que je n'oserais pas le lui redemander. Je le suivais depuis deux ans, lui et ses copains ; c'était la première fois que l'un d'eux s'ouvrait ainsi à moi.

2

Graffiteurs : les limites, le modèle

On sonne à la porte. Je jette un coup d'œil à la bonne quiche de Denise qui réchauffe dans le four et je vais ouvrir.

— Salut, Marc. Tu n'as pas eu de mal à trouver?

Un gros bonhomme engoncé dans son parka bleu usé monte mon escalier intérieur. Il lève la tête vers moi et me sourit.

— Non, non, ça va, ça va.

Arrivé en haut des marches, il tousse. Il a l'air essoufflé.

— Hé, ça sent bon ici, ajouta-t-il.

Marc était travailleur de rue depuis une dizaine d'années. Il s'occupait des jeunes en difficultés dans le centre sud de Montréal, du côté de la rue Jean-Talon. Un travailleur social d'un centre communautaire m'avait donné son numéro.

La première fois, je l'avais senti méfiant au téléphone. Il ne voulait pas que je l'interroge au « local » comme il l'appelait. La dernière équipe de tournage y avait laissé des séquelles. Et puis, il était hors de question que je le filme avec ses jeunes en difficultés dans son bureau ou dans la rue.

Je lui expliquai que j'essayais de réaliser un document qui revaloriserait le rôle du père, qui montrerait son engagement auprès de son enfant, plus particulièrement auprès de son fils. Et que se passait-il quand ce père était absent ? Marc avait fléchi au téléphone.

— Écoute, il y un ado, Tonin qu'il s'appelle... J'peux pas trop t'en dire, mais il a perdu son père et il a des problèmes. Il adorait son père et son père se serait suicidé, tu vois... Il a développé sa propre technique de graffiti. Il est avec deux ou trois copains et il vient de se faire prendre par la police. Il a reçu un jugement assez sévère et j'sais pas s'il va s'en sortir avec du travail communautaire cette fois. Je pourrais voir s'il serait d'accord pour te parler.

Après de nombreux messages laissés sur un répondeur, j'étais entré en contact non seulement avec Tonin, mais aussi avec ses deux copains Clo et Vido. J'avais été le premier surpris de les voir un jour débouler tous les trois dans mon appartement alors que j'attendais seulement Tonin.

Vido, avec sa petite gueule de blondinet espiègle, et Tonin, casquette et capuche sur la tête, étaient les plus loquaces. Clo, une barbe qui avait du mal à se faire une idée, était le plus jeune, le plus costaud et le plus rustre des trois. Le plus silencieux aussi. Il ne pipait pas un mot ou grognait des trucs incompréhensibles.

Avec un fort accent des pays de l'est, Vido m'avait conté la nuit où ils s'étaient fait prendre par la police et où ils étaient devenus amis au poste 43. Tonin en rajoutait dans son style télégraphique.

— 43, c'est not' chiffre chanceux. C'est là qu'on s'est fait prendre la première fois. Mais on n'espère plus s'faire prendre par les flics parce qu'on aimerait avoir not' propre business. Vido ferait du film. Il a déjà fait un vidéo à l'école. Moi et Clo du dessin et Gaé, un autre copain, serait notre avocat. On espère s'en sortir comme ça. Dans la vie, tu ne peux faire confiance à personne, tsé. Y a des gens qui ont des diplômes et qui ne font rien avec et pis y'en a qui en ont et qui ne trouvent pas de travail. T'es tout seul, man.

Montréal compte plus ou moins trois cents graffiteurs. Quatre vingt dix-neuf virgule neuf pour cent sont des gars. Ados pour la plupart. Phénomène typiquement masculin, le graf m'ouvrait peut-être la porte pour entrer dans le monde de ces jeunes étiquetés «délinquants». Il me permettrait de creuser leurs rapports avec leurs pères... mais à vrai dire, j'y allais au pifomètre.

Tonin, continua :

— ... Y a des tas de flics en civil qui surveillent. Moi, j'me suis fait avoir sept fois et j'arrête pas de faire des travaux communautaires. Avant, ça allait, je n'étais pas encore majeur... maintenant que j'ai dix-neuf ans, faut que j'fasse attention. Là, ça va, j'ai un graf à faire au YMCA*... mais y a des des fois, c'est des planchers à laver...

Vido, bien droit dans mon sofa, la coupe de cheveux «brosse à dents» affichait le sourire de ces jeunes qui ont l'air de se foutre de votre gueule. Lui et sa famille étaient à Montréal depuis deux ans. Ils avaient fui la Roumanie de l'après Ceausescu pour se réfugier en France. Deux ans, là aussi. Puis, cela avait été le Québec.

*Young Male Christian Association

D'après le peu que je savais, il vivait une vie de famille immigrée type : un père et une mère au travail du matin au soir, lui à l'école. Il parlait peu, mais choisissait ses mots avec soin et s'exprimait en roulant ses « r ».

— Nous, les gars, on est un peu bloqués. Le seul moyen qu'on trrrouve, c'est le grrraf. C'est même lui qui nous trrrouve, c'est pas nous. C'est la seule façon qu'on a de s'exprrrimer. Juste par ÇA, tu peux comprrrendre l'autre. Quelqu'un qui sait c'est quoi le grrraf, il peut comprrrendre l'autre… juste à voirrr ses dessins ! Ça rrreprésente l'homme, cet espèce de courrrage con ! Finalement, ça ne donne rrrien : On efface le murrr. Mais on veut le fairrre surrr l'instant. Ça a quelque chose d'horrrmonal aussi. C'est une prrression… C'est la nuit, est-ce que la police va venirrr ?… La canette qui vient avec le brrruit de la bille dedans, les vapeurrrs… pfff, TU FONCES !

Tonin caressait la visière de sa casquette. Il ajouta :

— Le graf, c'est comme une religion. Je crois en ça. C'est pour ça que je me réveille chaque jour, tsé. Ça me donne une raison. On m'a déjà demandé pourquoi j'fais des grafs. Les gens pensent que c'est à cause de mon père parce qu'il s'est suicidé. Moi, j' sais pas. Je ne me pose pas de question, sauf que le graf j'aime ça, c'est tout. D'ailleurs on signe FER maintenant comme dans « Faut le fer ». Parce qu'il faut le faire, c'est tout. C'est un jeu de mots. Sans le graf, j'aurais fait d'autres conneries, tsé. Le graf m'a sauvé. Pas un peu, mais carrément.

— Grmblggff mttssggbl ghjkkklmmt…

Clo, le troisième laron, grommela quelque chose très vite dans sa capuche de parka. Il vit que je n'avais rien saisi. Il reprit en faisant attention.

— Moi, parler c'est pas ma force, tsé... J'sais que j'ai l'air ridicule...P't'être que j'aurais dû pas venir...

Ses deux copains rièrent.

— Pas du tout, Clo lui dis-je. Mais tu parles vite et je n'ai rien compris. Tu sais, j'ai cinquante ans... faut me ménager, hein ?

Il ressaya en faisant attention.

— Les policiers c'est des hommes, ça ! C'est des hommes ces gars-là ! Ils sont grands, c'est des grandes personnes ! Pis, eux, c'est quoi ? C'est la police, c'est eux qui nous surveillent, c'est eux qui nous protègent ?

Vido me dévisageait maintenant.

— On a du mal à sortirrr ce que nous avons en -dedans. Il y a toujourrrs une barrrrière... tu rrrisques de te fairrre taper sur la gueule. On est comme ça parce qu'on a peurrr du rrridicule entre amis. Des fois, se confier, ça fait plus efféminé. Nous, vu qu'on est moins ouverrrts et qu'on parle moins de la vie, on découvrrre les choses parrr nous-mêmes.

Je voyais une ouverture... et ma cassette arrivait à la fin.

— Je trouve que vous avez une terrible opinion de vous-mêmes, les gars. Vous savez que je fais un documentaire sur les pères et les fils... et à vous entendre, je me demande qu'est-ce que vous transmettrez de positif à vos enfants, quel modèle vous leur donnerez ? Vous y avez pensé ?

C'est Tonin qui parla le premier.

— Mon père, c'était plutôt un copain. Surtout quand il est parti dans le nord à Rouyn-Noranda. Moi, je n'ai pas eu de père, j'ai été élevé par ma mère. Comment veux-tu que j'aie un modèle ?...

Une pause. Il reprit.

— Comme je n'ai pas eu de père, quand j'aurai des enfants, je saurai quoi leur donner parce que je sais ce qui peut leur manquer.

3

Travailleur de rue : paternité, valeurs masculines

— Les travailleurs sociaux comme moi, on va rencontrer autant de gars que de filles de quatorze à dix-huit dans la rue. Mais dès que tu tombes dans la tranche de dix-huit à vingt-cinq ans, là, tu n'as presque plus de filles. C'est comme si entrer dans la peau d'un homme était plus dur. Devenir un homme, c'est très difficile dans notre société. Ils ne savent pas où s'en aller, ils sont désemparés, désorientés…

On venait de terminer la quiche. Je faisais visiter l'appartement à Marc. Nous en étions au café.

— Comme territoire masculin, il n'y a plus grand-chose. Les femmes ont des gym pour femmes seulement, des clubs féministes, et des tas de programmes adaptés à leurs besoins… et on trouve ça normal. Mais, nous, il nous reste quoi ? Les clubs de danseuses et les urinoirs!

Ça me rappela quelque chose :

— Quand Tonin et ses copains sont venus, Vido m'a dit que puisque les filles détestaient le poil, c'était la seule chose de masculin qu'il leur restait avec le graf. J'ai trouvé ça amusant, ajoutai-je.

Marc demanda si Tonin allait bien. Il n'avait plus de nouvelles depuis quelque temps déjà. Je le rassurai.

— Entre l'école le jour, le graf la nuit et les travaux communautaires le soir, je ne les vois pas beaucoup tous les trois... mais ça va.

Arrivés dans la chambre de mon jeune fils Alix, je lui parlai de Jesson, le plus vieux de mes deux fils, avec qui j'avais des relations plutôt tendues. Vingt-sept années de paternité en « montagnes russes » m'avaient remis en question. On apprend à être père sur le terrain par une suite d'essais et d'erreurs, une foule d'expérimentations sur du matériel humain. Alix, cinq ans, en profitait bien sûr. Mais que de souffrances pour en arriver là !

Marc s'était entrouvert :

— Dans la délinquance, il y a peut-être la recherche du père dur, de l'autorité. La relation entre le jeune et la police est comme spéciale... comme si le jeune cherche une attention. Parce que le policier, c'est celui qui réprimande, celui qui punit. C'est celui qui t'ordonne de t'arrêter. J'ai souvent vu des jeunes être excités par l'idée de se faire courser par la police. Il y a quelque chose de je ne sais quoi... Le simple fait de se faire prendre, d'aller en prison... alors là, tu deviens plus homme !

Dans la cuisine, le temps de se faire un autre expresso, Marc s'appuya sur le comptoir.

— Mes jeunes ont entre douze et dix-neuf ans, tu vois. Ce sont des gars et des filles qui consomment des tas de trucs. La plupart n'ont pas de père. Pour les faire sortir d'eux-mêmes, je leur fais escalader des pics chargés au maximum… ça leur donne l'occasion de se surpasser, de dépasser leurs limites. Pour eux, être en forme, c'est important, c'est un objectif. Maintenant, je leur donne une petite caméra et ils se filment. Puis ils montent leur vidéo. J'ai installé une salle de montage dans le «local» où je travaille…

— Qu'est-ce qui t'a poussé à t'occuper des ados?

Marc se racla la gorge. Je lui proposai un verre d'eau :

— Moi, quand mes parents se sont séparés, ils ne se sont plus jamais parlés. J'ai trouvé ça dur. C'est ma mère qui avait la garde légale, mais à quatorze ans, je me suis sorti de là. Elle était «capotée». J'étais tellement en colère que je ne lui ai pas parlé pendant sept ans. La guerre de sept ans, tu vois. Après, j'ai repris contact avec elle. Je me suis rendu compte que j'aurais de la misère avec les femmes. Il fallait qu'on finisse par s'expliquer un jour…

Je l'invitai à s'asseoir dans le salon à l'endroit même où j'avais reçu les graffiteurs.

— D'après ce que tu m'as raconté au téléphone, tu as un fils, je crois?

Je posai le magnéto sur la petite table basse entre nous. Marc sourit et déposa sa tasse devant lui.

— Ah, ça c'est encore autre chose… J'ai eu Jérémie parce que je n'ai pas mis de capote. Tu parles de conseils que je peux donner à mes jeunes! Moi, je ne voulais pas d'enfant avec Nat. C'était clair entre nous. Je voulais qu'elle se fasse avorter.

Il toussa fort.

— Au départ, je ne voulais pas d'enfant. Je n'étais pas intéressé par ça. Moi, j'avais une répulsion des bébés : ça bavait, ça vomissait, ça chiait… Beurk ! J'aimais pas ça toucher à un bébé. La paternité m'est arrivée quand le petit est sorti. C'est pas compliqué. À partir de cet instant, je ne pouvais pas dire ce n'est pas vrai. C'était concret : je l'avais dans les bras, il me regardait dans les yeux. Je ne pouvais plus nier que j'étais père. Pis, c'est comme ça que ça m'a rentré dedans. J'ai compris que c'est un être vulnérable quand il naît, tu sais. Il y a eu comme un contact, comme un lien. On s'est regardé. Et ce fût comme… bon, alors toi et moi qu'est-ce qu'on fait maintenant ?

Marc se racla de nouveau la gorge. Je lui versai de l'eau dans le verre à côté de sa tasse.

— Avec ce que tu as vécu comme gars et ce que tu vis avec Jérémie, comment tu vois ton rôle de père ?

— Jérémie avait un an et demi quand on s'est séparés. Je le vois quatre jours par mois. Tout le reste du temps, il est pris en charge par des femmes. À la maternelle, ça va être des femmes, au primaire ce sera des femmes… Tout ce qui reste comme fort masculin, c'est moi. Je trouve cela dangereux quelque part, parce que la dimension des hommes n'est pas véhiculée. Il n'a aucun apprentissage par les hommes. J'ai intérêt à bien faire mon job, moi. Je pense que c'est important que je sois là pour qu'il ait un développement équilibré.

— Comment ça ?

— Je te définirai ça par deux choses qui sont super importantes à mon avis : l'outiller pour avoir accès à sa sensibilité, mais aussi pour avoir accès à son agressivité. Les femmes vont refouler ça chez les enfants masculins : elles ne veulent pas entendre parler d'agressivité. Elles ont peur de ça. Pourtant, il y a une agressivité saine, une agressivité phallique, je dirai. Tu vois, je suis extrêmement doux, mais parfois Jérémie et moi on joue un peu raide. Il apprend toutes sortes de valeurs intéressantes. S'il me fait mal, s'il me donne un coup, je l'arrête et je lui explique : « Non, Jérémie, on joue et là tu fais bobo à papa. » Il apprend le développement corporel, le développement moteur. Les femmes confondent agressivité et violence. Elles partent tout de suite en délire : « Ça va faire un violeur, un batteur de femmes si je le laisse trop aller. »

Il se claqua les deux cuisses du revers de ses mains.

— Moi, je dis que c'est plutôt l'inverse. Si on encadre bien son agressivité, ça va faire quelqu'un d'équilibré et non pas de refoulé, une sorte d'incroyable HULK qui accumule, accumule et qui, à un moment donné, éclate. Pour moi, un homme c'est un individu avec une colonne vertébrale, qui se tient debout, qui a les deux côtés. Un homme, c'est quelqu'un d'équilibré capable d'être sensible, et capable aussi de poser des gestes quand c'est le temps aussi. C'est ce que j'appelle la bipolarité des sexes.

Marc s'arrêta un instant pour boire un peu d'eau.

— Et quand Jérémie sera plus vieux, on ira faire des rites initiatiques dans le bois avec un ami. Comme ça, entre gars. Avec un feu, une tente, un territoire juste entre hommes quoi.

Parce qu'il vient un moment où les femmes sont envahis-santes. **On est sorti d'elles, alors on a besoin de s'en détacher pour être ce qu'on est.** Il faut carrément leur dire : « Là, non. On vous aime, on est sortis de votre ventre, vous nous avez donné la vie, mais là, on coupe le cordon. On se replie sur ce qu'on est. C'est le moment de se séparer. »

4

Christiane Olivier :
le paternage

Lors de mes recherches, un an auparavant, j'avais rédigé un résumé historique sur la paternité. J'avais ratissé large : ce résumé couvrait une période allant de l'antiquité au dix-neuvième siècle. Puis, je m'étais attaqué à un essai sur le père au vingtième siècle. J'y parlais à la fois du *Contrat social* de Jean-Jacques Rousseau, de Montaigne, du schéma féminin, des tribus d'Afrique avec les ancêtres et la bigamie, de l'autorité paternelle, du père-mère, de l'hippocampe porteur d'œufs, du Manchot Empereur couveur et de je ne sais quoi encore. Mais concrètement, le père, où était-il ?

Avec tout ce que j'avais écrit, nul doute que j'étais mûr pour une thèse, mais de là à en tirer un documentaire moderne sur la paternité. Conscient de cela, après un an de terrain, et depuis le début de mes rencontres et de mes entrevues, j'avais laissé l'hippocampe mâle qui incube ses oeufs et le manchot qui les couve à leur habitat naturel. Après tout, je ne m'appelais pas Cousteau.

Je continuais donc à chercher des cas types de pères —pères présents, pères évacués ou décédés — et des types de fils correspondants. J'avais lu un tas de livres de psychologues, de psychiatres, d'éducateurs, de sociologues sur le sujet et il me manquait un lien, une piste, une image de référence pour assembler les morceaux du casse-tête.

Dans *Les Fils d'Oreste* (paru chez Flammarion) de la psychanalyste Christiane Olivier, je tombai sur ces quelques lignes : « Le père n'a pas de jour naissance, lui. Il n'a pas d'accouchement physique ; il ne l'a pas porté son bébé. Il n'a rien de corporel. Il est à New York et on lui dit : vous avez un garçon. Il est content. Il se dit chic, : j'ai un bébé, et il fête ça avec ses copains. Mais il n'a pas compris, parce qu'on ne lui a jamais dit, que l'attachement se fait par le corps de l'enfant. En fait, le père est *paternant*, il fait du *paternage* dès la première minute où l'enfant sort de la mère. »

Je trouvai ça limpide, nouveau, éclairé. Il me fallait Christiane Olivier dans mon film.

Par chance, Madame Olivier venait à Montréal lancer son dernier ouvrage et donner des conférences. Son *Petit livre à l'usage des pères* marchait bien en librairie et au cours d'une de ses présentations, je la contactai. C'était une femme aux cheveux blancs, vive d'esprit, dotée d'une petite voix aigüe et chantante d'Aix-en-Provence. Elle accepta de m'accorder une entrevue.

Un matin donc, je la pris au saut du lit, juste avant qu'elle ne parte en tournée. Dehors, une petite neige persistante couvrait l'herbe encore verte du jardin où elle logeait. Je branchai le magnéto. J'avais gribouillé sur mon calepin la question qui me guidait depuis le début. Une question courte qui pouvait nous conduire n'importe où.

— Madame Olivier, un père, à quoi ça sert?

Elle avala une gorgée de thé, se cala dans le sofa et frissonna. Elle rapprocha les pans de son châle.

— «Les pères doivent entrer dans la bulle des petits garçons dès la sortie du ventre de la mère. Pour être dans la bulle de l'enfant, le père doit *paterner* le plus rapidement possible à la naissance. Il doit le prendre, lui donner le biberon, le changer, passer du temps avec lui. **Le père doit s'imposer.** À partir de dix-huit mois, l'enfant commence son oedipe. Il faut montrer que papa est différent de maman. L'enfant commence alors son homosensualité. Les fils et les filles doivent avoir le visage du père, le corps du père gravés dans leur esprit. C'est la présence et le paternage du père bio qui assure cela. Dans le cas du père évacué, après cinq ans, on peut encore apprendre, mais c'est du *par coeur*, ce n'est plus de *l'automatisme.*»

«Pour le petit garçon, quand le père entre ainsi dans sa bulle, il démontre que quelqu'un du même sexe lui prend la main. Il a un contact avec quelqu'un qui ne le désire pas oedipement, mais qui lui souhaite bonne route. Il y a des pères exigeants qui souhaitent trop à leur fils, mais vaut mieux souhaiter trop que de ne pas donner la main. Ne pas être dans son intimité, ne pas lui donner la main, c'est l'inscrire dans le sens: *quand je serai grand, je ne serai pas comme lui, je serai le contraire d'elle.* Le fils se rebelle contre sa mère et manque de modèle masculin alors il s'en invente un à sa façon.»

Madame Olivier se versa du thé, ajouta du sucre et remua avec sa cuillère. Elle continua de sa petite voix aixoise:

— « Vous savez quand j'ai perdu mon père, j'habitais très loin et je suis arrivée trop tard. Je me suis approchée de son lit et j'ai ouvert ses paupières au grand dam de mes frères et sœurs car ça ne se fait pas de soulever les paupières d'un mort. Par la suite, j'ai repensé au geste que j'avais fait. Je me suis aperçue que j'avais vécu avec le regard de mon père et que pour moi cela avait été une ligne de route. Tant que mon père me voyait être une fille, être femme et réussir dans la vie, tout allait bien pour moi. À partir du moment où il ne me voyait plus, une lumière s'est éteinte. Je crois que j'avais un lien de corps avec ce père et que c'était ce lien qui faisait que ce corps n'était pas vide. Il était plein de reconnaissance paternelle. C'est un exemple pris dans ma vie. Si tu ne m'as pas reconnue par le corps, tu n'es rien pour moi. C'est très important. Je vous laisse réfléchir là-dessus car selon le degré de corporéité que vous avez eu dans la vie avec votre père, il y a eu une intimité ou il n'y en a pas eue ou encore il n'y en aura jamais. »

Madame Olivier s'extirpa du sofa. Son taxi l'attendait. Elle devait donner sa conférence dans une école privée d'Outremont et gentiment elle m'y invita. J'étais resté sur ma faim. J'acceptai sans hésiter.

5

Jesson et Alix : père en questionnement

Madame Christiane Olivier m'avait déblayé le terrain. Plus que ça, elle m'avait donné les deux axes autour desquels j'allais orienter mon film : l'implication essentielle du père dès les premiers instants de la naissance et le caractère spécifique de l'enseignement qu'il apportait à son enfant.

Comment il transmettait ses valeurs comme homme, comme père ? Quel modèle masculin lui donnait-il ?

À cinquante et un ans j'avais deux fils : Jesson, vingt-sept et Alix, cinq ans. J'étais divorcé ou séparé comme près de cinquante pour cent des couples et je faisais également parti des soixante-six pour cent d'échecs aux deuxièmes essais. Nul doute que s'il existait des statistiques pour les essais suivants, je serais encore dedans.

D'ailleurs, la mère d'Alix et moi ne vivions plus ensemble depuis qu'il avait deux ans. Avec le recul, j'estimais avoir raté une bonne partie de l'éducation de Jesson et je ne voulais pas faire la même erreur avec Alix. Je me posais la question *Un père, à quoi ça sert* depuis déjà pas mal de temps. Le fait qu'on me proposa un documentaire sur le sujet était une aubaine. Le sujet n'avait fait que cristalliser cette interrogation. Et peu à peu, cette commande de mon producteur était devenue *mon* projet.

Alix avait replacé sa brosse à dents dans le gobelet. Je finissais de me rincer les dents à côté de lui. Muni de sa doudou, il courut souhaiter bonne nuit à ma copine Denise, dans le salon.

— Il est déjà neuf heures, criais-je de la salle de bain. Ne me fais pas répéter, Alix !

Il déboula dans sa chambre et se jeta sur le sofa futon.

— Dis, on raconte une histoire ?

Alix était avec moi une semaine sur deux. J'avais tenu à garder ce contact avec lui. Et aujourd'hui, j'étais certain d'être un père à part entière avec lui.

Quand je pensais à Jesson, je me disais que c'était ce contact qui avait manqué entre lui et moi. En tant que père, on ne réalise pas l'image que nos fils ont de nous. On ne s'imagine pas non plus les valeurs qu'ils captent comme ça, à notre insu. Avec la somme incroyable d'heures de travail que j'avais mises en bédé, et en télé... il m'était resté très peu de temps à passer avec mon fils, Jesson. Et c'était le lot de bien des pères.

J'éteignis la lumière et je me haussai sur la pointe des pieds pour embrasser Alix perché dans son lit.

— Bonne nuit, chéri.

— Bizouuuu... Bonne nuit, fais de beaux rêves, pas de puces, pas de punaises, me lança-t-il dans le noir.

Je m'installai devant mon ordinateur. Je devais déblayer tout ce fatras d'entrevues, de rapports, de textes et de courriels empilés depuis deux ans maintenant.

Je cliquai dans le dossier Christiane Olivier, sur la transcription de sa conférence à l'école d'Outremont.

— «…Les hommes ont été abusés par le mot *maternage* et ce que vous appelez *hommes roses* en Amérique du nord, ce sont des hommes qui ont fait un certain *paternage* copié en grande partie sur le modèle féminin. Et ils l'ont fait pour que les femmes prennent leur place en tant que femmes et individus dans notre société. Ce sont de bons maris qui ont compris que leur femme voulait exercer un métier. Nous avons eu des maris-relais ; c'est la meilleure chose que nous ayons pu avoir. Mais nous n'avons jamais eu des hommes qui pouponnent en pensant qu'ils sont en train de transmettre quelque chose d'eux-mêmes à leur enfant. Nous avons eu des hommes qui trouvaient que c'était sympathique, que c'était normal, que c'était charmant… mais toujours avec l'idée qu'ils allaient devoir restituer leur enfant au pouvoir féminin. Car le pouvoir sur l'enfant, c'était la femme.»

«Les mères peuvent penser qu'avec l'amour on fait des miracles. C'est vrai, on fait des miracles. Ça dépend de la couleur du miracle. Mais les femmes ne remplaceront jamais le côté masculin du père. Elles ne peuvent pas. Elles n'ont pas des mains d'homme. Elles n'ont pas un souffle d'homme. Elles n'ont rien d'un homme.»

«Elles font tout ce qu'il faut et l'enfant vivra. Mais comment il vivra ? D'une façon qui n'est pas celle quand on a un père et une mère. Parce qu'avec la mère le garçon fait l'oedipe et avec le père, il fait l'identification. C'est-à-dire, il prend modèle. Il faut avoir ces deux choses, c'est indispensable.»

Je pensai à Jesson.

Après un divorce très difficile, je m'étais effacé. Devant tous les obstacles qui s'accumulaient devant moi, j'avais laissé ma place. Après tout, j'étais persuadé que Jesson très jeune avait plus besoin de sa mère que de moi. C'était d'ailleurs ce que mon père et mes grands-pères avaient pensé bien avant moi.

Je ne voulais pas que Jesson m'appelle papa. À l'époque, ça m'apparaissait démodé, usé, ringard. Tandis que se faire appeler par son prénom... Ah là, ça faisait plus copain-copain. À vrai dire, ça me donnait une distance par rapport à quelque chose d'inconnu et qui me faisait peur : ma paternité.

J'allai dans le dossier de Jesson et j'affichai le texte de notre dernière rencontre à l'écran.

J'avais eu cette conversation avec mon fils quelques semaines auparavant. C'était plus qu'une simple discussion, plutôt une entrevue préparatoire. Je me demandais où Jesson se situait dans notre relation. Je n'avais pas osé utiliser de magnétophone et j'avais transcrit notre échange de mémoire, après coup. L'idée de nous mettre lui et moi devant la caméra faisait déjà son chemin.

Jesson était venu un peu à reculons. Il n'était pas sûr de ce que je voulais. Je lui posais des questions sur un passé qu'il voulait effacer.

On prenait un café dans ma cuisine.

— Ouais, je t'appelle toujours Serge... ça, on ne peut rien y faire ! Je ne peux pas t'appeler d'une autre façon que *Serge !* Parce qu'avec toi, c'est formel... *Papa*, c'est qu'on va se donner des câlins. Toi, tu es peut-être sensible, mais tu es *dur*. Tu ne te laisses pas faire... Tu ne te laisses pas aller. T'as une personnalité plutôt... *rigide*.

Un clic un peu plus loin dans le texte .

— ...C'est excitant de suivre ta carrière, tu sais ! Pour moi, c'est un success-story... si, si, je t'assure !... J'ai vu la façon dont tu as été récompensé dans ton travail ! J'ai toujours eu l'impression que tu travaillais fort et que tu réussissais. Quand je te regardais en train de dessiner ta bédé, avec cette lumière qui se reflétait de ton papier sur ta figure... je me souviens de tout, c'est comme si c'était *hier*. T'étais un personnage... quelqu'un de très solide. Je te voyais carrément comme... *invulnérable*.

Je lui avouais que là, il me surprenait. Après toutes ces années passées à travailler comme un malade, à l'ignorer, je m'étonnais de cette image de moi qu'il avait imprégnée dans sa tête.

— C'est normal ! Je ne m'attendais pas à ce que tu te souviennes ! T'es une personne qui vit au jour le jour... tu n'es pas une personne qui va puiser dans le passé pour aller dans le futur ! Tu ne vis qu'avec ton énergie brute.

Autre clic dans la barre de défilement.

— ... Là où je me suis choqué, c'est quand vers douze ou treize ans, je voulais parler de nos problèmes dans la famille, le divorce et tout... toi, tu ne voulais pas en parler ! Tu aurais pu en parler, tu sais... je comprenais... je comprenais très bien.

Je n'étais pas capable de parler comme un adulte, mais je comprenais très bien les concepts de souffrance personnelle... Je n'aimais pas les disputes, les cris. Je montais dans ma chambre et là, tu te rappelles, j'avais un grand poster de Superman, au-dessus de mon lit ? Tu me l'avais rapporté de la première où tu étais invité. Eh bien, tous les soirs je priais devant Superman pour avoir la force de passer à travers. Je voulais voler, être au-dessus de tout ça . D'ailleurs, c'est en me lançant du haut des marches, en pensant que je pouvais voler que je me suis ouvert le menton. Maintenant, j'ai fait la paix avec ça ! Ce n'est pas un hasard si on en parle aujourd'hui.

***

Le lendemain, mon producteur me téléphona. Après trois ans d'essais et de refus, un chèque de je ne sais quelle subvention était arrivé complétant le budget du film. J'avais donc le feu vert. Le tournage pouvait commencer.

Dans le domaine du documentaire, la réalisation, c'est un peu comme le tennis. Vous êtes en fond de court, immobile, aux aguets, prêt à tout. Et puis soudain, la balle vous arrive à deux cent kilomètres à l'heure. Vous vous précipitez dessus sans la quitter des yeux. Vous pilez net sur vos baskets. Parce que pour bien contrôler le coup, il faut être à l'arrêt. Vous frappez la balle. Puis, vous attendez le prochain coup.

J'avais donc attendu au fond de mon court pendant près de deux ans et la balle arrivait. D'un seul coup, je devais tout rassembler: scénario, recherche, contacts, bref courir et être prêt à frapper... enfin, à tourner dans trois semaines, début octobre... avant l'échéance des subventions qui prenaient fin en janvier. Et surtout avant l'hiver et la neige.

Très court comme délai.

6

Men in wilderness:
l'initiation père-fils

Je passai donc en revue tout ce que j'avais inclus dans mon scénario. La cinquième ou la sixième version en deux ans. Ça ne faisait aucun doute, je devais commencer mon tournage par *Men in Wilderness*.

Un an plus tôt, j'avais trouvé ce programme à l'Université OMEGA de Rhinebeck dans l'État de New York. De l'autre côté de la frontière du Québec. Je l'avais jugé extrêmement intéressant.

Michael Madden, à la fois chaman et pasteur, mais avant tout psychologue, proposait aux pères et aux fils, deux ou trois fois par année, des voyages en canot. Son camp était situé à Bear Island, sur le lac Temagami, territoire Objiwais, dans le nord de l'Ontario.

Il s'agissait de voyages initiatiques où pères et fils se retrouvaient seuls dans un canot, en pleine nature, pendant sept jours et sept nuits.

Déjà, par téléphone, mon approche pour en savoir plus long sur ce programme s'était avérée extrêmement difficile.

Personne au registraire de l'université semblait savoir ce qui se passait au cours de ces voyages. Et Michael Madden ne répondait jamais au téléphone.

Je réussis pourtant à l'attraper. Pas bavard, le Michael. Il fût plutôt laconique au début :

— Ça fait six ans que l'Université d'Oméga m'a embauché pour organiser des voyages en canot pour les pères et les fils... Mon programme *Men in Wilderness* a pour but de sortir les hommes de leur tête pour les faire entrer dans leur corps... J'ai déjà vu plus de 500 cas père-fils défiler ici. Ces voyages comportent plusieurs étapes... Le rituel commence toujours par la fin, la mort ou l'abandon de quelque chose... puis, de là, on commence à construire en crescendo. Pour cela, je me suis inspiré du mode de vie des indiens Cherokee, au Nouveau Mexique, avec lesquels j'ai passé pas mal de temps...

Questions sur questions, j'avais réussi à le garder assez longtemps au bout du fil. Il avait fini par me demander les raisons de ma démarche. Je lui avais expliqué que j'avais *raté* un premier fils et que je ne voulais pas faire la même erreur avec Alix. Si mon documentaire à travers mon expérience et mon cheminement réussissait à définir un territoire masculin, et plus précisément le rôle du père, il pourrait servir à éviter les gaffes que moi et bien d'autres pères avions commises.

Michael fut sensible à l'argument. Il m'avoua qu'il était passé par un divorce difficile et que lui aussi avait abandonné son fils Kaven au profit de ses études, que lui aussi avait eu des relations difficiles avec son père et que pour toutes ces raisons, il avait mis sur pied *Men In Wilderness*. Mais il n'alla pas beaucoup plus loin.

On s'échangea des courriers électroniques, je lui posai de nombreuses questions mais, mis à part du prix que ça me coûterait si je voulais tourner, je n'arrivai pas à en savoir plus. Pourtant, suivre des pères et des fils sur un territoire typiquement masculin, montrer leur façon de communiquer, leurs relations et la transmission des connaissances, l'initiation des fils, là, en direct ou tout au moins sur le vif, cette expérience unique m'intéressait.

Michael ne m'en dit pas plus. Mais à force d'insister, il me donna les coordonnées d'un père— appelons-le, Henry — qui avait participé avec son fils à plusieurs de ces voyages. Rejoint en Ontario par téléphone, Henry leva une partie du voile mystérieux qui pesait sur ces expéditions :

J'apprenais que les pères et ces fils qui s'engageaient dans le programme *Men in Wilderness* étaient en général des citadins... ils venaient d'un peu partout... de familles divorcées pour la plupart. Bien sûr, ça faisait longtemps qu'ils n'avaient pas passé de temps avec leur fils de cette façon. Mais en avaient-ils jamais passé ? C'était une occasion de se retrouver. On leur avait dit que c'était LA chose à faire. Alors, ils LA faisaient. Après tout, hein, ce n'était qu'une semaine de vacances dans la nature. Ils s'attendaient à pagayer un peu et à griller des guimauves au coin du feu en discutant de la dernière Coupe Stanley*.

Au départ de ces expéditions, tout le monde était de bonne humeur...

En arrivant, Michael confiait les équipes à deux moniteurs. Il répartissait l'équipement entre les couples père-fils, puis il les conduisait sur une piste faite de ravins en travers desquels on avait fait tomber des troncs.

*Coupe décernée à la meilleure équipe de Hockey de la LNH

Des cordages et des ponts étaient suspendus à dix mètres de haut... «Bon, ça commence ici, les gars ! Vous devez tous passer en vous aidant les uns, les autres... Je vous attends au bout, là-bas. On n'ira pas plus loin tant et aussi longtemps que tout le monde ne sera pas passé.»

Les pères et leurs fils devaient se faire confiance pour franchir les obstacles. Les pères disaient à leurs fils «fais-moi confiance», les fils criaient «je n'ai jamais pu te faire confiance ! Tu n'as jamais été là pour moi !»

La sécurité était bien sûr assurée, mais Michael laissait faire. Il plaçait les pères et les fils dans une situation intense de stress. Il y avait un pont suspendu en corde et attaché à seulement deux points d'ancrage à ses extrémités. Il pouvait ainsi chavirer facilement. Les pères et les fils devaient se donner la main, s'agripper sinon le pont basculait... La chute n'était en fait que d'un mètre ou deux, mais pour des jeunes et même pour les pères, des citadins, ça faisait très peur. Le fils pouvait-il avoir confiance en son père, serait-il là pour lui ?

Et les six jours à venir était fondés sur cette confiance entre les pères et les fils. Le but de Michael étant de les épuiser physiquement pour faire tomber les barrières et atteindre le fond des problèmes.

Le deuxième jour, les équipes pagayaient huit heures d'affilée avec des portages. Des conflits commençaient à apparaître entre les pères et leurs fils ou entre les fils et Michael, et même entre les pères eux-mêmes.

Michael avait calculé la nourriture au plus juste. Pour six jours, pas un jour de plus. Chaque équipe était de corvée de vaisselle, de bois, de feu, de tentes ou cuisine, en rotation.

La tension dûe à l'épuisement était énorme. Quand les pères ne donnaient pas des ordres, ils ne savaient pas quoi dire. Mais huit heures de canot par jour, ça en faisait du silence... ou du temps pour discuter avec son fils.

***

Deux jours après le début des préparations de tournage, le 11 septembre 2001 au matin, deux avions de ligne heurtaient les deux tours du Trading Center de New York.

Et rien de ce que je j'avais prévu ne se réalisa.

7

Men in wilderness : le vrai voyage

Montréal n'était qu'à deux heures de vol de New York et le contrecoup du 11 septembre fut énorme. Aucun vol régulier n'était plus assuré aux États-Unis. Le continent nord-américain était en état de choc.

Michael Madden était à Philadelphie et son fils Kaven au Texas. Michael avait fermé son camp de Bear Island en Ontario pour la saison. En forêt, l'hiver était déjà à nos portes et il commençait à faire plutôt frisquet dans les bois en Ontario comme au Québec.

Je trouvai deux gars prêts à tout, Andreï Khabad et Daniel Provencher, pour former mon équipe caméra-son. Mais où aller pour tourner cette expédition de canot ?

Ma copine Denise connaissait un guide. Ce fut le premier coup de chance de ce tournage. Michel Denis était chez lui à attendre ses touristes français bloqués à l'aéroport Charles De Gaulle à Paris. Ils venaient d'annuler leur voyage à cause du 11 septembre. Ce que je lui proposai était donc inespéré.

Régler la logistique de l'expédition fut facile avec Michel qui possédait l'infrastructure pour de tels voyages : Bus, canots, roulotte, tentes, outils. Comme parcours, il choisit la portion sud de la rivière Coulonge située au nord d'Ottawa ; un parcours fait de rapides de classe R1, R2 et R3 et un ou deux seuils à franchir. Je lui demandai si ce serait suffisamment difficile pour seulement cinq jours de voyage afin de reproduire les difficultés du programme *Men in Wildernes*. Il me sourit :

— Qu'est-ce que tu appelles difficile, toi ?

Je n'insistai pas. Je m'assurai d'avoir l'équipement approprié pour le tournage et pour les pères et les fils qui devaient participer à ce périple.

Quand Michael et son fils finirent par débarquer à Dorval, l'aéroport de Montréal, ils n'en revenaient tout simplement pas. Michael me dit :

— You know, Serge, what we're doing here is impossible ? Usually, in normal times, it takes me six months to prepare such a expedition. And here we are ! (Serge, tu sais que ce que nous sommes en train de faire est impossible. D'habitude, dans les conditions normales, une telle expédition exige six mois de préparation. Et là, nous y voici.)

Jesson avait accepté de participer à l'expérience. C'était d'ailleurs la condition *sine qua none* pour réaliser pareil voyage. Surtout depuis ma décision difficile de me mettre devant la caméra avec mes fils et mon père. C'était un gros pari : qu'oseraient-ils me dire à l'écran ? Ma mise à nu avec eux, la sincérité avec laquelle je voulais traiter le sujet passerait-elle l'écran ou aurais-je l'air d'un clown ? Aucune idée.

D'abord, il me fallait deux autres couples père-fils pour le voyage.

J'avais trouvé André et son fils Francis à la dernière minute. Ils venaient de Trois Rivières, une heure trente de Montréal. Je leur avais expliqué que c'était une sorte de voyage-retrouvailles en canot entre père et fils. Rien de plus. Car cela aussi faisait partie du plan de *Men In Wilderness :* les pères et les fils ne connaissaient pas les détails du voyage. Michael et moi, nous ne voulions surtout pas qu'ils se sentent épiés comme des animaux de laboratoire. La présence d'une caméra et d'un preneur de son serait déjà un handicap suffisant.

Par contre, je connaissais déjà Martin. C'était un psychologue d'origine suisse allemande. Je l'avais rencontré à l'Après-Rupture, un groupement d'hommes de Québec. Martin, du fait de sa profession, en savait un peu plus sur cette expérience. Guère plus. Quant à son fils Yoanis, je le rencontrai pour la première fois au départ de notre expédition.

Mes deux couples père-fils, mais surtout André et Francis, ainsi que mon fils Jesson, pensaient qu'on allait se payer une petite ballade amusante de cinq jours en canot dans la forêt. Michel Denis, Michael et moi-même ne firent rien pour les en dissuader.

Un matin, après plus de quatre heures de route en minibus scolaire, dont une sur sentier cahoteux, on arriva sur la rivière, en pleine forêt. Michel qui avait toute la responsabilité de la logistique et de la sécurité de l'expédition dirigeait les opérations. Il nous donna notre premier cours de canot puis nous lâcha sur la rivière.

Les équipes avaient leur corvée respective. Jesson et moi étions de celle de bois, Michael et Kaven s'occupèrent des tentes, André et Francis allumèrent le feu. Quant à Martin et Yoanis, ils préparèrent le repas.

Avant le souper, Michael organisa le premier cercle de parole. Tout le groupe se réunit autour d'une grosse pierre sur laquelle on posa un morceau de bois. Celui qui s'en saisissait avait la parole. Ce fût à cet instant que je réalisai vraiment l'expérience de Michael et son talent à aller chercher l'âme sous l'enveloppe du corps : chaque père, chaque fils dévoila les raisons profondes de sa présence à ce voyage. L'émotion était à couper au couteau. Et enfin, on tournait.

— Mon nom est André, le père de Francis… et je suis venu ici pour avoir du temps avec mon fils. J'ai toujours eu de la misère à parler à mon père… et là, c'est une occasion de me retrouver avec Francis, de nous faire confiance. Voilà.

— Je m'appelle Martin Menge et je suis le père de Yoanis. Je pense avoir une certaine perception de mes enfants qui n'est pas vraie. Ces quelques jours vont être une occasion d'être honnête, de se redécouvrir sous d'autres angles… d'autres aspects auxquels on ne s'attendait pas.

Jesson était assis à côté de moi autour dans le cercle. Quand ce fut mon tour, j'admis, très ému, faire ce voyage pour d'abord et avant tout retrouver un fils que j'estimais avoir égaré quelque part au fil des années. Jesson resta grave et silencieux. À ce moment précis, il ne savait pas quoi penser de ma démarche. Il prit le bâton après moi et lança, timide, le salut amérindien :

— OW !

Tous rièrent.

***

Deuxième jour, cinq heures du matin. Il avait neigé durant la nuit. Les volets des tentes fermant mal, la neige avait pénétré à l'intérieur. Heureusement, pour tout le monde j'avais prévu des sacs de couchage du type cocon pouvant nous tenir chaud jusqu'à moins trente. Mais André et Francis, mal préparés, gelaient déjà.

Corvée de bois, de feu, de tentes, de bouffe. La journée commença par le café, mauvais, mais brûlant. Puis un gruau, gluant.

— L'hypothermie, c'est très dangereux, expliqua Michel notre guide. En été, ça va, mais en cette période, si on garde des vêtements mouillés et qu'on n'a pas de feu, on peut avoir des accidents et en mourir. Il faut bouger.

Pour bouger, on bougea. Après le démontage des tentes, le pliage de tout l'équipement et son rangement dans les canots, on déjeuna. Puis, Michel nous conduisit sur un petit pont qui enjambait la rivière à plusieurs centaines de mètres en aval. De cet endroit, on put voir notre premier rapide, un R2.

— L'important, ce sont les V. Michel Denis montrait les plis que l'eau faisait en surface. Vous voyez là, le courant forme un V parce qu'il y a un rocher... Il faut passer dans la pointe du V.

Pour ce premier rapide, Michel Denis resta sur le pont afin de donner des instructions à l'équipe qui passait dans le rapide avec son aviron (que Jesson et moi appelions une pagaie)

— Au Québec, ÇA c'est un canot, pas un canoë, dit-il en pointant l'embarcation. Et ÇA, c'est un aviron, précisa-t-il en nous regardant, Jesson et moi, droit dans les yeux.

Chaque équipe passa l'une après l'autre. Michael et son fils, plus expérimentés, furent les premiers. Les autres regardaient du pont. Jesson risqua une question à notre guide :

— Mais est-ce que l'avironneur expérimenté ne passerait pas plutôt par là ? demanda-t-il candidement en pointant l'endroit opposé aux V.

Michel venait d'expliquer pendant une bonne demi-heure le trajet à suivre. Il regarda mon fils dans les yeux. Dur.

— L'avironneur expérimenté, tout ce qu'il l'intéresse, c'est de ne pas renverser son canot avec son équipement... L'avironneur expérimenté veut passer le rapide sans se mouiller... alors il suit les V, finit-il sèchement.

La journée d'avant, Jesson s'était déjà fait réprimander à plusieurs reprises par Michel. Ça, c'était lui tout craché : on expliquait quelque chose et il était invariablement ailleurs. Déjà, plus jeune, au hockey, tout le monde écoutait l'entraîneur à un bout de la patinoire ; il y en avait un seul qui s'amusait avec sa rondelle à l'autre extrêmité, dans le filet opposé. C'était mon fils.

Mais Kaven et Yoanis n'avaient paru guère mieux.

Kaven, le fils de Michael, affichait l'air de ces jeunes ados qui connaissaient tout. Après six années de canot avec son père, il trouvait les conseils de notre guide superflus.

Il s'était cru suffisamment bon pour se dispenser du premier cour de Michel sur le premier rapide. Son père et lui avaient été à deux doigts de chavirer. Kaven n'avait pas fait les «appels» et les «écarts» où et quand il le fallait.

Quant à Yoanis, il n'avait qu'un seul but: faire le reportage photo pour son école. L'œil rivé au viseur de son Nikon, le canot était vraiment secondaire. D'ailleurs, son père et lui avaient été les seuls à verser la première journée.

Bref, les apparences, les mécanismes de défense tombaient, les caractères et les personnalités perçaient sous les masques. On en était au deuxième jour seulement.

C'était à nous de passer le rapide. Jesson qui avait pris la place de capitaine à l'arrière m'expliqua ce qu'il voulait faire:

— Là, tu vois, une fois qu'on passe le V, je fais un appel comme ça sur le rocher, le plus près possible...

— Non, non, il a dit qu'il fallait nous laisser aller avec le courant... à moins bien sûr qu'il y ait des pierres...

Jesson et moi, c'était terrible. On n'était jamais sur la même longueur d'onde. Ça ne marchait pas. On se heurtait constamment. Il disait blanc, je rétorquais noir et vice-versa. Malgré nos efforts, cette confrontation était devenue automatique. Comme un réflexe. J'éprouvais encore et toujours cette gêne à être tendre avec lui et je sentais exactement cette même gêne envers moi. On avait survécu, on s'apprivoisait, mais on avait manqué un départ ensemble et on avait du mal à ramer dans le même sens aujourd'hui.

L'équipe de tournage que j'avais voulu totalement indépendante tournait toujours. Je surveillais Andreï et Daniel du coin de l'œil, mais la plupart du temps j'essayais de les oublier.

Avant l'expédition, nous nous étions concertés sur le type de tournage et le genre de plans que je voulais. Le premier soir, j'avais été dans leur tente visionner les cassettes de la journée et on avait modifié notre approche pour les jours à venir. Dans ce voyage, ils devaient demeurer le plus indépendants possible pour me laisser à mon rôle.

Je ne voulais pas *jouer* un père, je voulais en *être* un.

Andréï et Daniel savaient désormais ce que j'attendais d'eux. Et pour leur faciliter la tâche, je m'étais arrangé pour que tous deux aient une tente indépendante à eux seuls. Michel Denis avait demandé à son ami et assistant Réjean, de leur épargner toutes les corvées. Bref, ils n'avaient qu'à s'occuper du tournage.

Daniel, le preneur de son voyageait dans le canot de Réjean et Andréï dans celui de Michel.

Tout le monde franchit ce premier rapide sans encombre.

Après plusieurs heures à pagayer en eaux calmes, par vent de face et petite pluie froide, on échoua nos canots dans une petite crique. Un bruit d'eau, de remous nous indiquait, en aval, une chute ou quelque chose de semblable. En fait, c'était un des deux seuils que nous devions franchir.

Une grosse dalle plate barrait la rivière. L'eau glissait dessus en mince filet, puis chutait soudainement dans la rivière qui, après un dénivelé de près de deux mètres, reprenait son cour normal. De chaque côté de la dalle, des rochers interdisaient tout passage. Pour un canot à pleine charge, cette chute représentait un réel danger. Michel croyait pouvoir nous faire franchir ce seuil avec des cordes, mais le débit était trop important pour notre expertise.

Portage donc. On déchargea les canots et on transporta tout le matériel à travers la forêt, de l'autre côté, un demi-kilomètre plus loin.

Trempés, les pieds mouillés, les aller-retour n'en finissaient pas. On termina le portage en transportant tous ensemble le plus grand canot de matériel à travers la forêt. Arrivés de l'autre côté du seuil, il fallut remettre un à un les canots à l'eau et les charger à nouveau avec tout ce qu'on avait transporté individuellement à travers la forêt.

Jesson ne riait plus. Yoanis et Francis non plus.

Cela nous prit encore quelques heures avant d'arriver à notre prochain campement. Il était déjà trois heures trente de l'après midi. Le temps de décharger, de monter les tentes, de couper du bois, de faire le feu, de préparer le repas puis de manger... il ferait déjà nuit et ce serait le temps d'aller se coucher.

Dire que je me demandais si ce serait assez dur pour les équipes.

Humide. Tout était humide. Il faisait froid et on n'avait aucun temps mort pour souffler. Après le canot, les rapides ou les portages, c'était la corvée de bois, de feu ou de bouffe ou bien encore la vaisselle et le creusage de la fosse sceptique.

Jesson et moi débitions notre arbre, chacun à un bout de la scie égoïne. Je poussais, il tirait. Il poussait, je tirais. André, un des pères, nous avait montré comment faire. Pas trop appuyer la lame dans le bois pour permettre aux dents de mordre. Le secret : une lame bien aiguisée. Mais aiguisée ou pas, après plusieurs heures de canot à pagayer, les bras avaient leur compte.

Jesson me regarda fredonner un petit air entraînant.

— Mais comment fais-tu pour sourire, toi ?

— C'est simple, je lève la commissure de mes lèvres au lieu de la baisser, comme ça, lui montrais-je en exagérant la mimique et en bloquant un des coins de ma bouche, vers le haut, avec mon index. Je fais appel à deux muscles : le grand et le petit zygomatique. D'ailleurs, tu sais, il faut moins de muscles pour sourire que pour faire la gueule.

Jesson ne trouva pas ça drôle.

— Écoute Jess, on est ici pour être ensemble. Oui, c'est dur, c'est vrai, mais ne voulais-tu pas qu'on soit tous les deux ?

Andréï, à un mètre à peine de nous avec sa caméra, tournait notre conversation. Daniel au son, nous perchait. Jesson et moi faisions comme si de rien n'était. Enfin, presque.

— On n'est pas ensemble. Toi, tu fais ton film et moi, moi… eh bien moi, je me fais engueuler par ce con de Michel et je suis seul dans ma tente pendant que tu discutes avec eux. C'est pas être ensemble ça.

— Il faut bien que Michael, Michel et moi, nous préparions les journées, ce que nous allons faire, non ? Et puis, oui, j'ai aussi un film à faire et je dois m'en occuper... Mais on passe toute la journée ensemble, non?

— Tu parles.

L'équipe de tournage s'était éloignée de nous. Je restais là avec mes pensées en train de scier, en face de mon fils.

J'avais tout planifié pour passer le plus de temps possible avec Jesson durant *le jour*. Je n'avais pas réalisé que le jour était consacré au voyage *avec* les autres pas *entre* nous deux. Le soir, après toutes les corvées, j'avais l'habitude de me rendre dans la tente de Michael Madden pour dresser un bilan de la journée avec Michel Denis, puis préparer celle du lendemain. Quel rapide ferions-nous le lendemain? Y aurait-il un portage difficile? Comment les gars réagiraient-ils?

Michael me parlait de tel père qui était venu lui poser des questions et de ce qu'il avait remarqué chez tel autre. C'était notre thermomètre pour mesurer la pression du groupe qui grimpait au fur et à mesure des difficultés.

Deux heures après, je filais dans la tente de mes deux techniciens pour visionner rapidement les cassettes de tournage et leur parler du trajet du lendemain. Quand je sortais, il était plus d'une heure du matin.

Et durant *tout* ce temps-là, Jesson était seul dans la tente.

Pendant que je préparais la journée du lendemain avec Michel et Michael, les autres pères et fils, eux, se parlaient. Ils profitaient de ce temps privilégié pour rire, se mettre à jour, régler des problèmes peut-être. Moi, quand j'entrais dans la tente, Jesson rompu par la fatigue, dormait à poings fermés. Dans sa remarque «toi, tu fais ton film», je sentais cette impression de déjà vu qu'il devait éprouver, celle de se retrouver une nouvelle fois seul, sans moi trop affairé à mon travail. Et dire que j'avais monté cette expédition pour qu'on se retrouve, qu'on se parle.

J'écourtai donc mes réunions avec Michel et Michael et je décidai de faire encore plus confiance à mon équipe de tournage. Après tout, on avait déjà trois jours sur cassette, Andréï et Daniel étaient rodés. Il me restait les entrevues, mais ça pouvait attendre.

***

Il continuait à faire froid. Il neigeait. Les gars étaient fatigués. Et on tournait toujours.

Martin Menge et moi, nous démontions les tentes en soufflant sur les piquets pour les dégeler, puis les désemboîter. Jesson frappait les toits de tente pour faire tomber la neige. Quelle idée avions-nous eu de partir en camping par un temps pareil ! Martin et moi riions du ridicule de la situation. Jesson et Yoanis beaucoup moins. Quant aux Gagnons, je les trouvais taciturnes.

— André et Francis m'ont parlé hier, ils en ont assez, me glissa Martin à l'oreille. Ils ne savaient pas que ce serait comme ça… et ils n'osent pas en parler à Michel.

J'allais voir Francis et son père près de leurs tentes. Malgré les grosses chaussettes que Martin lui avait prêtées, André avait encore blanchi sous le froid. Francis revenait du bord de l'eau avec son lancer léger. Tous deux grelottaient et ils en avaient plus qu'assez.

— Il n'y a que le canot et les corvées, me dit André. Francis et moi, on adore la pêche et nous pensions pouvoir pêcher, mais il y a toujours du travail à faire.

— Oui, on a vu des dorés un peu plus haut là-bas et on n'a même pas le temps d'y aller.

Les trois fils étaient fatigués. J'étais fatigué. L'équipe de tournage accusait des signes de relâchement. André gelait. Il était temps de s'accorder une pause. J'allai voir Michel et Michael pour trouver une solution.

On décida de s'allouer une journée de repos. André et Francis allèrent pêcher un peu plus haut, là où ils avaient aperçu leurs dorés. Michael proposa un «swet lodge», genre de sauna amérindien, pour ceux qui le désiraient. On n'avait pas les tentes à démonter, ni les canots à charger. Quant au bois, il y en avait suffisamment de coupé pour tenir une autre journée. C'est Michel et Réjean qui s'occuperaient de la cuisine.

Tout le monde accepta de participer au sauna.

On creusa un trou assez profond dans le sol et on piqua de petites branches souples tout autour. On les plia en arc de cercle, les enchevêtrant de façon à former le squelette d'une hutte. Puis, on recouvrit le tout de la toile que j'avais apportée à cet effet. Cette toile devait laisser passer la lumière.

Michael m'avait parlé de ces saunas qu'il organisait avec les pères et les fils et j'en avais glissé quelques mots à Michel. Je trouvais l'expérience intéressante et je voulais filmer la scène. Je m'étais dit que la nuit, en éclairant un côté de la toile avec un «spot» assez fort, on pourrait nous voir à travers en ombres chinoises. Le son serait pris à l'aide un micro placé directement dans la hutte et protégé par une capote à cause de l'humidité du sauna.

La nuit tomba. André et Francis avaient attrapé un beau doré et on le mangea braisé sur le feu. Michel jeta de grosses pierres dans les flammes. Il était tombé une petite neige fine toute la journée et le ciel demeurait couvert. Une nuit d'encre nous enveloppait.

Les grosses pierres rougeoyaient dans le feu. À l'aide de deux grosses branches disposées en barres parallèles Réjean et Michel les transportèrent dans le trou du sauna, sous la toile. Michael avait apporté une huile odoriférante. Il en badigeonna les pierres. Et tout monde se mit à poil.

Seuls Michel et Réjean restèrent au dehors avec l'équipe de tournage. Andréï brancha le spot sur la génératrice. Son faisceau inonda soudain tout un côté de la hutte. À l'intérieur, on se sentit immédiatement agressé par cette lumière et je décidai de l'éteindre. Tant pis pour les images. Je demandai tout de même à Andréï de laisser rouler la caméra pour conserver le son.

À l'intérieur, désormais il faisait noir.

Nous étions tous accroupis bien serrés, nus, autour des pierres brûlantes qui dégageaient leur chaleur et sur lesquelles Michael jetait de l'eau pour activer la vapeur. Dans cette obscurité quasi totale, des centaines de picots incandescents perçaient la surface des pierres comme autant d'étoiles dans une nuit profonde. Sur le fond noir du sol de notre hutte, nous avions l'impression d'observer une constellation d'étoiles, une voie lactée située de l'autre côté de la terre. Et non, nous n'avions rien fumé.

Au début, saisis par le froid nous grelottions. Mais la vapeur et la température de huit corps eut tôt fait de nous réchauffer. Michael nous expliqua la coutume du sauna amérindien, ses vertus purificatrices, le retour vers les ancêtres, le respect des valeurs telles que le courage, la force, l'humilité et l'honnêteté.

Il demanda à chacun de penser à une personne de notre entourage qui avait disparu, puis d'en parler devant le groupe.

Francis parla de son ami mort récemment en moto, Jesson d'une femme de la communauté noire avec qui il avait travaillé et la centaine de personnes qui l'avaient pleurée à son enterrement. Moi, je regrettais de ne pas avoir pris l'avion pour aller voir une dernière fois mon grand-père et ma grand-mère avant leur mort. André, le père de Francis, parla de son père qui ne lui avait jamais dit qu'il l'aimait…

Il y eut ainsi quatre tours, quatre sujets, correspondant aux quatre points cardinaux.

Chaque ronde finissait soit par un chant rituel, sorte de louange aux valeurs humaines, soit par des cris tribaux, libérateurs des tensions qui nous habitaient. Michael puisaient les sons de ces chants au plus profond de nous-mêmes, de nos entrailles. C'était comme le souffle rauque des didjeridus, ces flûtes aborigènes de l'Australie aux vibrations gutturales. Emprisonnées dans la hutte, les ondes de nos chants nous revenaient en pleine poitrine. Sorte d'étourdissement collectif, cette ivresse nous incitait à creuser loin en nous afin de nourrir le cercle vicieux de ces sons. C'était comme une force insoupçonnée, indestructible qui se libérait en une sorte de communion, un cri tribal. Nous nous sentions invincibles.

À la fin de la dernière ronde, on courut plonger nus dans la rivière glacée. Personne n'eut froid. Michael leva les yeux au ciel en souriant.

— Look at the sky... see all the stars ! (Regardez le ciel... toutes ces étoiles.)

Ça faisait trois jours qu'il neigeait. Le ciel s'était soudainement dégagé. Je levai les yeux et je regardai cette voûte étoilée digne d'une des plus belles nuits d'été. En étions-nous responsables ?

Jesson et moi parlâmes longtemps dans la tente cette nuit-là.

— ... Ça me rappelle la fois où nous étions partis en camping, toi et moi, tu sais dans ce camp situé à la fin d'un autre, demanda Jesson encore tout excité par ce qu'il venait de vivre.

— Oui, près de Saranac Lake, dans l'État de New York... attends... Fish Creek, ça s'appelait. Le premier camping était plein et c'était le gardien du premier camp qui nous l'avait indiqué, rajoutai-je.

— ...Et t'avais encore ta vieille Chrysler, une K-car grise que t'avais payée six cents dollars. Je la vois encore, fit Jesson. T'avais oublié tous les ustensiles de cuisine sauf ton Opinel... et on a mangé nos steaks avec les mains, directement dans la poêle. ha, ha, ha ! Et après, tout dégoulinants, on est allé plonger dans le lac, près du canot, en pleine nuit.

Jesson était sorti de son sac de couchage jusqu'à la taille, les coudes appuyés sur le tapis de sol, une cigarette à la main. Ses yeux brillaient devant la flamme de la bougie

— Quand j'ai raconté ça à maman... pfouuu.

Aux murmures qui parvenaient jusqu'à notre tente, je sus que nous n'étions pas les seuls à veiller tard, cette nuit-là.

Le lendemain, le voyage reprit. Lever cinq heures, bois, feu, petit déjeuner, vaisselle et chargement des canots. On eut droit à un léger soleil pour débuter la matinée, mais ça se gâcha assez vite. Yoanis mitraillait tout le monde avec son appareil et laissait son père pagayer. Jesson, toujours capitaine à l'arrière, dirigeait le canot constamment à l'inverse des autres. À tel point que j'avais décidé de ne plus discuter et d'attendre ses ordres avant de prendre quelque initiative que ce fut pour corriger notre trajectoire.

Malgré une portion de rivière calme, on échoua sur des hauts fonds, on faillit verser et on s'engueula copieusement. À la pause du midi, n'en pouvant plus, je me confiai à Martin. Je trouvai sa réflexion très intéressante et je demandai aussitôt à Andréï de se préparer rapidement pour une entrevue. Je voulais la faire à chaud, sur le vif. Martin et moi, nous nous installâmes devant le feu. Andréï avait tout juste eu le temps d'installer sa caméra sur trépied et Daniel finissait à peine de brancher ses micros dans sa console quand je commençai.

— J'ai l'impression que je n'arrive pas à atteindre mon fils. J'ai l'impression qu'il sait tout… Quand on se trompe, c'est forcément la faute de quelqu'un d'autre. C'est la faute du guide, la faute des éléments, du père, de l'air…

Martin me regarda dans les yeux et rajouta :

— Du canot.

— Oui, du canot. Il me semble que toi et ton fils, c'est mieux ?

— Pas vraiment, non. C'est un peu comme ça aussi. Mais c'est moins criant. Moi, je mets beaucoup plus d'eau dans mon vin. J'ai ma vérité et Yoanis a la sienne. Tous les deux, nous croyons avoir raison, mais la Vérité avec un grand V, c'est celle qui passe quelque part entre lui et moi.

Martin me fit le geste de quelque chose qui passe entre nous deux.

— Ce qui m'importe dans ce voyage, c'est la relation qu'on vit Yoanis et moi. Il y a plein d'irritants pour moi, je ne m'en cache pas, c'est entre nous…

— Par exemple, coupai-je ?

— Yoanis prend des photos tout le temps. Il fait deux coups de rames à gauche, il prend un cliché. Il a tellement la photo dans la tête qu'il ne savait même pas comment se comporter dans le rapide. le guide est arrivé et il lui a dit : « Yoanis, tu arrêtes de prendre des photos quand on va dans un rapide. » Si c'était moi qui le lui avait dit, il ne m'aurait probablement pas écouté.

— Moi, je pète carrément les fusibles, ajoutai-je. Je ne peux pas… à un moment donné, je ne le supporte plus, je le vois… Tout le monde est à droite, nous on est à gauche… Tout le monde est à gauche, lui est à droite. Il gueule parce que c'est lui qui commande, mais on fonce en plein dans la catastrophe.

Martin était plus philosophe que moi :

— Pour moi, c'est plus important de garder une bonne relation avec mon fils que de brouiller ça avec toutes autres sortes de conneries qui nous empoisonnent la vie.

***

Cinquième jour, notre dernière journée de voyage. Encore un gros rapide doublé d'un seuil et ce serait fini. Avant le rapide, je pris Michael Madden à part, bien décidé à lui tirer les vers du nez.

Nous n'avions fait que cinq jours en canot au lieu des sept que comptait le programme *Men in wilderness* de Michael, pourtant les conflits avaient quand même éclaté. Qu'est-ce qui rendait ce mélange si explosif?

— Le canot provoque des conflits comme la vie en groupe en provoque. Surtout au sein des familles. Mais dans notre culture, on n'a pas le temps de résoudre les conflits. Un conflit arrive et hop, on se quitte... Un conflit et hop, on a des choses à faire... Ici, dans la forêt, vous avez un conflit avec votre fils ou quelqu'un d'autre et vous devez y faire face. Vous devez passer à travers ensemble. Parce qu'au prochain rapide, au prochain portage vous allez devoir y faire face de nouveau ensemble... Et le problème sera là tant que vous ne l'aurez pas réglé à deux.

Depuis cinq ou six ans qu'il existait, le programme de Michael avait connu un réel succès. Peu publicisé, cher et pas du tout dans le ton «aventure dans les îles» sous le soleil du golfe de Mexico avec Rhum, Whisky ou Martini à l'arrivée. D'où venait donc cet engouement.

— La plupart des hommes qui participent à mes expéditions de canot, ce sont leurs femmes qui leur ont dit: «Essaie de faire quelque chose pour améliorer ta relation avec ton fils.» Les femmes savent qu'il y a quelque chose qu'elles ne peuvent donner à leur fils, qu'il y a quelque chose que leur fils doit nécessairement recevoir de son père. Alors, les gars y vont parce qu'ils savent que c'est vrai, mais aussi parce que c'est un milieu dont ils n'ont pas peur. Un milieu fait de défis, de pêche, de nature... entre gars. Là, ils n'ont pas besoin de faire semblant, de jouer, de faire la roue pour éblouir la femelle. C'est l'instinct du chasseur qui compte ; le plus agile, le plus rapide, le plus intelligent gagne. Et ils doivent performer non seulement entre père et fils, mais au sein du groupe, de la tribu. Ils savent ça, mais ils ne se rendent pas compte à quel point c'est extrêmement exigeant, ni de quelle façon ça l'est. C'est un peu comme la question que tu posais à Michel Denis : «Est-ce que ce sera assez difficile ?» Oui, ça l'est, mais peut être pas de la façon à laquelle tu t'attendais. C'est un peu comme être père, d'ailleurs.

***

Le dernier rapide était de taille. Un triple rapide en fait. Il commençait par un R2, continuait par un R3 et si on manquait le final, on avait de grande chance de finir sur un seuil dangereux en forme de cascade.

Michel Denis prit presque tout l'avant-midi pour nous expliquer la façon de procéder. On marcha le bord de la rivière, on y repéra les V, les endroits où le courant prenait de la force et je notai où je placerais les caméras. Nous avions emporté deux caméras, une betacam et une mini DV au cas où l'une nous lâcherait ou qu'elle verse avec un canot. Puisqu'il était impossible de «faire» du son dans les canots à cause du bruit de la chute, Daniel m'avait proposé de prendre la caméra de secours et de se poster à deux ou trois endroits pour «faire» des images de passage de canot.

C'était notre dernier obstacle, je ne savais pas si j'aurais suffisamment de stock pour illustrer *Men in Wilderness*. J'acceptai son idée.

Michael et Kaven passèrent encore en premier. Dans la deuxième portion du rapide, Kaven à l'avant arrêta de pagayer dans les remous. Michael, à l'arrière, redoubla ses efforts et sortit le canot du bouillon en l'alignant parfaitement pour la dernière partie. En dépit de ces efforts, ils ne purent éviter un haut fond et heurtèrent un rocher à la sortie, mais le canot ne versa pas. Ils avaient réussi.

Martin et Yoanis suivaient. Martin tenait le rôle de capitaine, son fils était à l'avant. Malgré les conseils de Michel, Yoanis prit encore quelques photos avant d'aborder l'entrée de la première portion. Pendant ce temps, Martin essayait d'aligner son canot dans le V de départ. Une fois, la proue du canot dans le courant tout alla très vite. Yoanis eut à peine le temps de remiser son Nikon, de prendre sa pagaie et de faire son premier appel que l'embarcation dévalait vers le gros rocher de la deuxième portion du rapide. Martin corrigea la course du frêle esquif, mais sans traction suffisante à l'avant, le canot se mit en travers, fit un cent quatre vingt degrés puis s'engouffra dans le courant en marche arrière. En faisant son demi-cercle, il s'inclina et embarqua des tonnes d'eau. Martin, de dos, devenu la proue essayait de voir où ils allaient en regardant par-dessus son épaule et il dictait ses ordres à Yoanis qui de dos aussi, ne voyait rien. Ils ne purent éviter le haut fond de la sortie, mais ils restèrent à flot et purent atteindre la rive.

Jesson et moi étions la troisième équipe à passer. On avait observé les deux autres équipages avant nous et j'étais bien déterminé à passer à sec. Au départ, Jesson orienta le canot correctement. Notre proue passa en plein milieu du V. Arrivés dans la deuxième partie, le courant prenait de la force. Comme nous devions nous déporter très vite vers la gauche pour éviter un énorme rocher, je devais orienter ma proue d'au moins quarante-cinq degrés à gauche à l'aide « d'appels », c'est-à-dire de coups de pagaie de l'extérieur vers la coque du canot. Avec le bruit de la chute, je ne sus jamais si Jesson m'avait ordonné quoi que ce soit, mais en voyant les remous et le rocher approcher, je creusai littéralement dans l'eau les appels de toutes mes forces.

On frôla le rocher et on prit beaucoup d'eau dans les remous, mais on passa. Un grand bang venant de sous la coque nous fit sursauter presque arrivés dans la crique. Nous non plus n'avions pu éviter le haut fond. Deux coups de pagaie pour nous désengager et nous accostâmes.

Les Gagnons furent les derniers. André avait laissé son fils commander depuis le deuxième jour. Francis s'en tirait très bien. Leur canot prit une trajectoire de départ parfaite. Le quarante-cinq degrés à gauche s'effectua sans problème dans la deuxième partie, mais alors qu'on les pensait sortis d'affaire, ils passèrent un peu trop près du bord pour sortir du rapide. Le haut fond provoqué par le gros rocher à fleur d'eau était là. Comme s'il avait eu des freins, le canot bloqua pile dans le courant et pivota autour de son milieu sur le rocher. L'embarcation pencha à droite, puis à gauche. André et Francis cherchaient à compenser par des mouvements opposés et des coups de rein vers l'avant, mais rien n'y faisait. Francis aperçu le rocher, y prit appui avec sa pagaie et débloqua le fond du canot.

Michel Denis avait attendu que nous passions tous pour descendre à son tour, seul dans son canot chargé à bloc de notre matériel de tournage. Si mon producteur avait su que nous prenions de tels risques, il nous aurait tués. Mais on n'avait ni le temps, ni d'autre choix que d'agir ainsi. La température nous avait mis en retard sur notre horaire, et je n'avais pas encore fait toutes mes entrevues. Je ne pouvais me permettre de faire descendre notre matériel en portage. De toute façon j'avais confiance en Michel et Réjean. J'avais raison ; tout se passa bien.

L'atmosphère était détendue. C'était notre dernier campement, ce serait notre dernier feu. J'en profitai pour prendre les Gagnons chacun dans un coin. Francis d'abord .

— Le plus dur c'est le froid… Je suis vraiment écoeuré. J'ai hâte de rentrer chez nous.

Il me regarda les yeux dans les yeux sans rien dire, un bon 30 secondes, à attendre. Puis, il fit la moue de celui qui n'y pouvait rien, c'était comme ça. C'était ce qu'il pensait, point final.

— Ce que j'ai trouvé difficile surtout, c'est qu'on n'avait pas de temps à nous, avec mon père. On était venu pour cela, pour pêcher un peu, mais il y avait toujours quelque chose à faire dans le froid, dans l'humidité… heureusement, on a pu prendre un doré. Ça c'était bien.

— Mais toi, Francis, as-tu vu un père différent au cours de ces quelques jours ? As-tu été surpris par quelque chose entre toi et lui ? Je sais qu'il a divorcé il n'y a pas si longtemps, alors, toi et lui où en êtes vous ?

— Oui, le divorce fut difficile pour mon frère et moi. On n'a pas trop compris, tu sais. Mais mon père, c'est un peu comme un exemple pour moi. Il a toujours été là quand j'en ai eu besoin. Il m'a toujours dit de l'appeler à n'importe quelle heure... Pis, c'est ce que j'ai fait. Et il a toujours répondu à mes appels. Chapeau à mon père. Je n'ai rien à dire contre mon père.

André venait à peine de se changer quand je l'invitai sur les lieux de l'entrevue, un peu à l'écart des autres. Je ne l'avais jamais vu aussi souriant depuis notre départ.

— Le fait de se déplacer tous les jours, je trouve cela très dur. Ça met notre humeur à fleur de peau. Il faut se regarder, sourire parfois, et se dire «bon, il ne me reste que peu de temps seulement... On va y arriver, on va y arriver.»

— Dans le dernier rapide, vous en avez eu de la chance! On a tous cru que vous preniez un bain.

— Oui, c'est vrai... Ha, ha, ha!... On n'avait pas vu le rocher. On était tellement contents d'être passés... Mais Francis s'en est bien tiré. J'étais comme un petit peu habitué à avoir une limite dans ma confiance envers mon fils... Et j'avoue que dans le canot, dans les rapides, quand il a décidé de prendre la position de capitaine, à l'arrière... Pis, qu'il se sentait à l'aise... Ça m'a un peu surpris. Mais j'ai dit: «S'il a le goût de prendre la responsabilité, GO! C'est lui qui dirige et je vais lui obéir. Je lui fais confiance, complètement confiance. J'ai appris à lui faire plus confiance parce qu'il avait pris une charge, une responsabilité... et que je lui ai fait confiance, vraiment confiance. Et j'étais très fier de lui!»

Sa casquette de pêcheur jetée en arrière, ses yeux étaient devenus humides. Des larmes naissaient à l'extérieur de ses paupières. Elles s'engageaient dans les rides de ses yeux plissés. Il les essuya du revers de sa manche.

— Est-ce que ça remonte à des choses que toi tu as vécues ? Ou que tu n'as pas vécues ?

— Pfouu… J'en reviens toujours aux liens que j'avais avec mon père. Parce que j'ai senti que mon père n'avait pas confiance en moi. Pas du tout. Pis, toute cette peine, je la transportais. Mon père et moi, on n'a jamais pu vivre de telles choses. J'étais très content d'avoir fait confiance à mon fils. Et… Je suis fier de lui, très fier, oui…

D'un geste furtif, il chassa la larme qui avait coulé sur sa joue.

Il pleuvait à ne pas faire sortir une grenouille sur son nénuphar. On attendait le mini-bus. Je voulais une image finale, quelque chose de symbolique. Michael réunit tout le monde au tour du feu que Michel et Réjean avaient réussi à faire prendre malgré la pluie et ce fut notre dernier cercle de parole. Michael dressa le bilan de notre expédition, Jesson resta muet comme une carpe, les Gagnons se congratulaient, moi j'écoutais et Yoanis prenait encore quelques clichés.

Michael, blotti entre son fils et Michel, commença.

— We shall withdraw lessons from what happened here… On doit tirer des leçons de ce que nous avons vécu ces derniers jours. Je me rappelle mon père, un personnage dur, inatteignable… Même sur son lit de mort, j'ai essayé de lui faire dire qu'il m'aimait, de lui avouer moi-même que je l'aimais… et il est mort en me repoussant. Alors, il ne faut pas perdre le contact, il faut reconnaître ses erreurs. La vanité, l'égoisme coupent les liens essentiels avec nos proches et nous finissons toujours par le regretter ou le transformer en quelque chose de pas très joli…

Kaven, le fils de Michael prit la parole. Il s'adressa à Michel, note guide, en anglais.

— I apologize…Je m'excuse, je suis désolé de m'être entêté sur chaque petit détail hier… C'était idiot et stupide…

Michel regardait vers le sol. Il ne savait plus où se mettre. Il triturait ses mains noueuses nerveusement.

— … C'était mon ego qui parlait Michel… Il ne voulait pas que j'aie tort.

Tendu, Michel devait dire quelque chose.

— OW, s'écria-t-il, en levant le bras.

— Please translate, insista Kaven.

Michel, traduisit à contrecœur, et de façon très abrégée, ce que le jeune Kaven venait de nous dire.

— Il s'excuse d'avoir réagi comme ça. Il me demande de l'excuser… et je dis OW !

Michael embrassa son fils, André et Francis se serrèrent les mains et se prirent dans les bras. Martin et Yoanis sourièrent. J'étais pensif et Jesson avait franchement l'air de ne pas savoir sur quel pied danser.

On entendait les gouttes frapper nos parkas. Tout le groupe était silencieux. Andréï tournait toujours et la « moumoutte » en poil enveloppant le micro au bout de la perche de Daniel s'égouttait sur nos têtes. Je ne sais pas combien de temps on resta ainsi.

Le minibus arriva en soirée.

Entracte

Martin, Serge et Francis en eaux calmes

Photographe : Yoanis Menge

André et Francis à l'approche d'un rapide

Photographe : Yoanis Menge

Réjean et Daniel après le portage

Serge de face, Jesson de dos : un signe

Photographe : Yoanis Menge

Chapitre

8

Papa bio:
un père pour quoi faire?

De retour à Montréal, la folie de l'après 11 septembre avait diminué. Michael et son fils repartirent sans problème aux États-Unis, les Gagnons retournèrent à Trois-Rivières, Martin et Yoanis Menge prirent le bus pour Québec où je devais les rejoindre un peu plus tard pour compléter mes entrevues avec eux. Sur le chemin du retour, à la halte où nous avions rendu les canots, j'avais essayé d'avoir une entrevue avec mon fils Jesson, mais cela n'avait rien donné. Trop de choses non réglées à dire en si peu de temps. Le canot n'avait que brassé le fond pour les faire remonter à la surface.

Vidé, je pris deux jours de congé.

Cinq jours de tournage pour *Men in Wilderness*. Il m'en restait encore treize. J'avais déjà dix sept cassettes d'une demi heure en banque— plus de huit heures de visuel— pour un documentaire de soixante minutes. Moi qui tournais peu pour m'éviter les deuils difficiles au montage, j'étais servi.

Pendant notre expédition, France, mon assistante, avait finalisé les ententes avec les autres intervenants que j'avais choisis, réglé les lieux de tournage et organisé les trois voyages qu'il me restait à faire dans la ville de Québec, à Ottawa et en France.

Je tournai deux jours avec Jérémie et son père Marc que j'interrogeai sur la découverte de sa paternité, sur l'importance d'un homme dans l'environnement de son fils et sur sa fameuse bipolarité des sexes. Puis j'entamai un troisième volet : celui de la génétique. Se pouvait-il qu'un père biologique, disparu très tôt, laisse sa trace ? Comment et laquelle ? Puisque je voulais montrer l'importance du père, il fallait bien que je vois ce que provoquait son absence. Logique, non ?

De retour devant mon écran pour préparer mes entrevues, je me souvins d'un des moments de la conférence de Madame Christiane Oliver à Outremont :

— «... Le père biologique est extrêmement important dans la vie de l'enfant. Déjà dans le ventre de la mère, le bébé reconnaît les sons. Quand il entend une voix plus grave, il dit tiens, ça, ce n'est pas maman. Il reconnaît aussi les pas du père dans la maison. Quand il sort du ventre de la mère, le père ne le prend pas comme elle. Elle a des seins, elle le tient couché sur le sein gauche qui est un coussin naturel...

Lui qui n'a pas de seins, il le tient plutôt debout avec sa tête dans le creux du cou, dans sa nuque. Vous savez que le cou est un endroit du corps extrêmement sensuel. Les odeurs corporelles y sont très présentes. Il a parfaitement raison de le tenir comme ça cet homme, mais on ne le lui a pas dit. Le bébé reconnaît les gens avec le nez. Il a un odorat comme un chien. Il sait très bien avec qui il est. Et puis, souvent les pères lancent leurs enfants en l'air, les manipulent un peu plus brusquement et tout ça est enregistré par l'enfant. Si le bébé n'a pas d'approche corporelle avec ce père, plus tard il se demandera : «Est-ce que papa m'aime ?» Les jeunes gars n'ont plus de désirs aujourd'hui, plus d'avenir, plus d'envies. Ils cherchent à contrecarrer l'autorité par la délinquance et les choses violentes. Je me demande si ce bébé avait eu son père dans sa bulle avec ses frères, ses soeurs, ses grands-parents, ne serait-il pas différent? De 0 à 8 mois, quand l'enfant a intégré tout le monde sauf son père que les psy appellent le premier étranger, est-ce que c'est bien, ÇA? Moi, je souhaite que le père géniteur s'inscrive dans les douze premiers mois dans la bulle de l'enfant. Car je sais que celui-là est indéracinable.

Ce texte de Madame Olivier me fit penser à une conversation que nous avions eue, Jo, ma monteure et moi. Elle avait un garçon de huit ans et prenait des cours d'espagnol. Dans sa classe, que des jeunes femmes entre vingt et vingt-cinq ans! Un soir, comme elle devait lancer une conversation en espagnol, elle proposa le thème: «À quoi les hommes sont-ils indispensables dans la famille?»

À sa grande surprise, aucune de ces jeunes femmes ne put dire à quoi ils servaient réellement. Elles gagnaient toutes leur vie, elles étaient indépendantes.

Elles avaient sûrement été élevées par leurs mères. Si elles voulaient un enfant, elles choisissaient une courte aventure avec l'élu correspondant à leur idéal mâle ou l'insémination artificielle avec du sperme acheté à la carte dans une banque comme plus de trois milles femmes en Amérique du Nord. Non, un père, elles ne voyaient vraiment pas à quoi c'était utile.

À quoi servait-il? En quoi était-il indispensable? Je voulais à la fois creuser ce rôle de modèle masculin proposé par

Marc et Madame Olivier et également dépasser cette figure initiatique constatée dans *Men In Wilderness*. Voilà pourquoi je tenais tant à Maurice et Gaétan dans mon documentaire.

***

9

Maurice et Gaétan :
les retrouvailles

J'étais entré en contact avec Maurice et Gaétan bizarrement. Comme quoi la vie…

Un an plus tôt, Jesson m'avait parlé de son copain Nicolas qui, à l'âge de vingt ans, s'était mis en ménage avec une fille et ses deux enfants nés d'une première union. Elle attendait un autre enfant, celui de Nicolas. J'avais donc rencontré Nicolas pour tâter le pouls de ce jeune père de famille nombreuse instantanée et j'avais trouvé un être calme, posé, étonnamment mûr pour son âge. Ferait-il un bon témoin à l'écran ? Certainement. Mais ce qu'il me raconta sur sa famille, chamboula les cartes.

Nicolas et ses deux frères, venaient d'apprendre que leur mère, avant son mariage, avait eu un autre fils avec un homme marié. Elle l'avait donné en adoption. Et voilà que ce demi-frère venait justement de refaire surface. Un choc dans la famille.

***

La maison, je devrais plutôt dire les maisons de Maurice étaient situées à deux cent mètres de distance l'une de l'autre, sur les bords de la rivière Jacques-Cartier, du côté de Tewkesbury, au nord de la ville de Québec.

La route vallonnée et déserte débouchait sur la vallée et sur la petite église à la flèche étroite et pointue qui défiait le brouillard derrière elle. Notre camionnette de tournage et la petite Volks de Maurice et Gaétan s'étaient arrêtées en haut de la côte. On admirait le paysage et je décidai de prendre des plans de passage de Maurice et de son fils en voiture dans cet endroit magnifique.

On se rendit chez Maurice. C'était un psychologue de formation analytique et gelstaltiste. Il s'était spécialisé dans le psychocorporel et les énergies subtiles. Thérapeute depuis trente ans, Maurice travaillait à l'accompagnement des mourants et des personnes en choc de vie : maladie grave, deuil, divorce, faillite... Une de ces maisons servait aux séminaires et aux retraites. On la dépassa pour nous rendre à sa résidence.

Maurice était un homme d'une soixantaine d'années, encore très bien pour son âge. Blond ou blanc, les yeux vifs et petits derrière des lunettes aux fines montures, il ôta son chapeau de cow boy en cuir et le déposa sur la commode en bois à côté de lui. Derrière, une fenêtre donnait sur la rivière. La moitié gauche de sa figure était trop sombre. Alexis, notre assistant installa un réflecteur. Ça tournait.

— J'ai eu deux fils à quinze jours d'intervalle. Parce que ma femme était enceinte et que l'amoureuse que j'avais était enceinte également. À ce moment-là, avoir un enfant hors mariage était péché mortel. C'était terrible, c'était épouvantable.

— Mais comment était-ce possible ? Cette amoureuse ne savait-elle pas que vous étiez marié... et que votre femme attendait un enfant ?

— Si. Mais vous savez la vie est ce qu'elle est… J'avais rencontré cette femme lors d'un des congrès de psychologie à Montréal car elle suivait aussi des cours de psycho. Une liaison assidue se créa. Mais elle venait d'une famille aisée et le fait qu'elle soit enceinte hors mariage n'aurait jamais été accepté. Je ne sais pas comment elle a fait, mais toujours est-il qu'elle arriva à terme sans se faire remarquer. Comme ni elle ni moi ne voulions d'avortement, on opta pour l'adoption. Ce fut très difficile.

Pendant des années, je me promenais dans les rues de Montréal et je ne savais pas où il était, qui l'avait adopté. Je regardais les enfants de son âge et puis je me disais : c'est peut-être lui, ça pourrait être lui. Je priai même pour qu'il soit bien. J'essayais de lui envoyer toute l'énergie positive que je pouvais…

Maurice prit un verre d'eau.

— Quand il m'a appelé, j'étais très, très, très ému, vous savez. C'était un jeudi, je me souviens… Et puis, on s'est donné rendez-vous à l'aéroport de Québec. Je voyais les gens arriver et puis il y avait deux jeunes hommes, l'un bien habillé, l'autre avec la casquette de travers… Je ne savais lequel c'était. Mais dès qu'il a franchi la porte des arrivées, on s'est reconnus. Ça, ce fut très, très, très émouvant.

Le silence était à couper au couteau dans la pièce.

— Et qu'elle fut la réaction de votre famille, de votre femme, de vos enfants en voyant arriver ce fils caché ?

— Oh, tout cela s'est passé, il y a deux ou trois ans pas plus.

Je n'étais plus avec ma première femme depuis longtemps. Mais je dois dire que la réaction de mes autres fils fut très surprenante. Je m'attendais à des reproches et j'en ai eus, mais pas du type auquel je m'attendais. Ils m'en voulaient de ne pas leur avoir fait assez confiance pour leur avouer l'existence de Gaétan, alors que moi je culpabilisais. Ils l'ont accueilli à bras ouverts comme un membre de la famille. C'était leur frère.

— Et le plus difficile dans tout ça ?

— Ce que j'ai trouvé le plus difficile, c'est d'avoir raté toute l'éducation de Gaétan. Pendant toute sa jeunesse, je n'étais pas à ses côtés, alors quel homme allais-je avoir devant moi ? Mais c'est de refaire le contact, le lien, c'est cet aspect là que je trouvais essentiel. Qu'on soit capable de dire je t'aime et de s'entendre dire je t'aime aussi. Ce sont des mots que les gens ont peut-être moins de difficultés à dire aujourd'hui, mais il fut un temps où les gens ne disaient pas ces mots. Un adolescent a besoin d'entendre de la part de son père « je t'aime ». Même si parfois tu me fais chier, ben « je t'aime ». Même si des fois tu me crées des problèmes, ben « je t'aime ». Ça c'est un amour qui ne changera jamais, jamais.

L'entrevue terminée, je regardai ma montre. Trois heures. Maurice partait pour l'Europe à cinq heures. Il avait amplement le temps de se préparer pendant que nous filions à l'autre maison où Alexis avait déjà dû arranger le lieu de l'entrevue avec Gaétan. J'avais tenu à séparer les deux rencontres pour que le père et le fils ne soient pas influencés dans leurs réponses. Et surtout pour avoir les deux versions : celle du père retrouvant son fils et celle du fils découvrant son vrai père pour la première fois.

Je parcourus les deux cents mètres qui séparaient les deux maisons en camionnette avec le reste de l'équipe. Gaétan m'attendait avec Alexis.

L'unité de tournage avait quelque peu changé. Alex remplaçait Andréï à la direction photo, Alexis l'assistait, France nous accompagnait en tant qu'assistante de production, seul Daniel demeurait à l'audio. Après quelques réglages de lumière et un changement de piles au son, on était prêt. Gaétan était nerveux.

— Mes parents adoptifs ne m'ont jamais caché que j'étais adopté. J'adorais mes parents et j'étais heureux. Ils étaient assez âgés et j'avais une demi-sœur aussi. Ma mère avait de gros problèmes de santé et ce fut à ce moment-là que j'ai pensé à mes vrais parents. Je me suis dit, c'est le moment de faire quelque chose pour les retrouver avant qu'il ne soit trop tard. Un jour, je suis tombé sur un coffre où j'ai déniché un papier officiel avec mon prénom écrit dessus... mais pas le même nom de famille. Sur le document, le lieu et la date de l'adoption étaient indiqués. Avec l'aide du *Mouvement Retrouvailles* j'ai pu retracer ma mère biologique.

— Elle s'était remariée elle aussi ?

— Oui. Elle avait trois garçons dans sa nouvelle famille et son mari n'était pas vraiment au courant de cette affaire. Elle et moi, on se rencontra plusieurs fois et je lui demandai de nouvelles de mon père biologique. Savait-elle où il était ? Elle le savait, mais il fallait qu'elle le contacte auparavant. C'est ce qu'elle fit, puis quelques jours après elle me donna son numéro. Je l'ai appelé tout de suite. Je n'avais rien à perdre. Et on se donna rendez-vous à l'aéroport de Québec.

Je revoyais les images que nous avions tournées le matin dans cet aéroport.

— Je suis arrivé à l'aéroport dans cet espèce de rond, de tube transparent où on marche parmi les passagers... Je regardais de l'autre côté, à travers la vitre...

La salle des carrousels où les bagages arrivaient longeait le long tunnel vitré des arrivées. Entre deux vols, nous avions tourné l'arrivée de Gaétan en travelling arrière dans ce tunnel. On avait également tourné Maurice devant les écrans d'arrivées de ces carrousels. Depuis le 11 septembre, même à Québec, les services de sécurité avaient été renforcés. Le fait que Gaétan fut agent de bord pour Air Canada nous avait facilité l'accès aux endroits interdits.

Gaétan continua.

— ...J'ai vu un bonhomme avec un chapeau en cuir comme celui que Maurice m'avait dit qu'il porterait. Il avait une grosse barbe à la ZZ Top, une grosse bedaine à la conducteur de camion...

Gaétan mimait un ventre de clown énorme.

— Bah, je me suis dit, peu importe, hein ? Si c'est mon père, c'est parfait. Tu vois ce que je veux dire ? Finalement, j'aperçois un bonhomme à côté qui, lui, est en train de regarder... On s'est rapprochés...

Gaétan était tout sourire.

— J'ai dit : « Maurice ? » Il a dit : « Oui ». On s'est embrassés. Lui, il est chaleureux, il n'a pas peur de toucher, de prendre les gens. C'était formidable.

— Qu'avez-vous fait cette première journée ?

— Le premier jour, le même jour de notre rencontre, on a pu aller rendre visite à un de mes demi-frères en fin de compte... Et puis là, lui aussi, il m'a brassé... Ouaaaaa- ha-ha-ha !

Gaétan avait les yeux brillants, mimait l'embrassade, un sourire fendu jusqu'aux oreilles.

— Pis, on se donnait des tapes. C'était drôle parce que je n'avais jamais eu de frères auparavant, donc je n'avais pas eu de contacts comme ça. J'avais eu des contacts avec mes amis bien sûr, mais là, de réaliser que c'était un membre de TA famille ! Ouaoh !

Il continua emporté par son élan.

— Tout de suite, j'ai vu qu'il me traitait comme un frère. Je savais qu'il y avait eu quatre fils, quatre gars dans la maison... Ça a dû se brasser les uns les autres. Pis que là, moi, de me faire brasser et de rire ensemble comme ça, tu sais ? Comme des hommes quoi... C'était super !

Cette même journée, Maurice avait ensuite amené Gaétan exactement là où nous faisions l'entrevue, dans cette maison où il travaillait et où il méditait souvent aussi. Le côté donnant sur la rivière Jacques-Cartier comportait une véranda fermée et vitrée d'où on apercevait une grande partie du lit de la rivière et la vallée. Cette pièce était orientée est-ouest, les couchers de soleil y étaient magnifiques.

C'était là précisément que Maurice avait tenu pour la première fois les mains de son fils et qu'ils avaient médité ensemble.

— Sentir la chaleur de ses mains, réaliser que mes gênes, mon sang et ainsi de suite, viennent de là, c'est… toute cette énergie, pfouuu! C'est SUPER! Je me rappelle avoir été aux conférences d'un Français qui parlait de la vie après la vie…et ce Français avait présenté son fils sur scène. Je me disais: «Hé, imagine un père comme ça, avec des choses de ce genre!» Parce que c'était justement des choses qui m'intéressaient depuis longtemps, les énergies subtiles, l'accompagnement… Et là, je rencontre Maurice qui fait des groupes ici, en Belgique et puis en France… des expéditions au Sahara. J'avais de la peine à croire que c'était mon père. Pour ça, c'était vraiment une surprise et je me trouvais très, très chanceux.

10

Yoanis et Martin : bien sûr que je l'aime mon père

— Quand je suis né, c'est mon père qui m'a donné mon bain, qui m'a lavé, qui m'a mis des couches, qui m'a tout fait tu sais. J'ai tout de suite eu un contact avec lui. Il est inévitable que je l'aime.

Je suis devant l'écran de télé de ma chambre d'hôtel et je survole mes notes de *Men in Wilderness*. J'ai relevé quelques réflexions de Yoanis.

— Il y a des moments où je l'ai détesté mon père, c'est certain, pfff...C'est certain que je l'ai détesté, tu sais. Y'avait des moments, j'avais même le goût de lui foutre des baffes, c'est sûr. Mais c'est peut-être parce que tu l'aimes aussi, hé, hé, hé !

Le jour précédent, nous avions quitté Maurice et Gaétan après quelques plans d'eux se promenant ensemble sur les rives de la Jacques-Cartier. Le coucher de soleil était superbe. De retour à Québec, je préparais le tournage du lendemain avec Martin et Yoanis.

Martin, je l'avais rencontré au cours des mes nombreuses rencontres dans les groupements de pères qui se formaient un peu partout non seulement au Québec, mais aussi au Canada et aux États-Unis. Il était psychothérapeute dans le social et le familial. Il avait une fille, Rebecca, la plus jeune, et un fils Yoanis. Son histoire d'homme et de père était non seulement un archétype de ce que les hommes vivent aujourd'hui, mais j'avais trouvé que lui et son fils possédaient le recul suffisant pour m'en parler à la caméra.

Il pleuvait sur le quartier de Limoilou, près du centre-ville de la vieille ville de Québec. Nous avions décidé de commencer par les entrevues dans l'appartement de Martin. On s'installa dans le salon avec Yoanis. Son «look» hippie et ses instruments de musique nous suggérèrent de faire l'entrevue assis sur le plancher. Tant pis pour mes vieux os.

— Quand je suis à l'école à Matane, je suis tout seul, pis je ne vois pas mon père. Alors, il m'appelle comme ça et il me dit : «Salut, qu'est-ce que tu fais ? Je viens prendre de tes nouvelles. Moi, il se passe telle chose dans ma vie en ce moment.» C'est super, ça ! Mon père, ça reste à l'écoute. Ça reste présent.

J'avais étalé devant nous les photos de famille que nous étions allés chercher chez sa mère. Il y en avait de lui avec son père, avec sa mère, avec les deux.

— Quand j'étais jeune, mes parents rêvaient de la famille parfaite. Ils nous voyaient comme ça et ils disaient quelle belle famille nous faisons ! On se tenait la main, pis on se disait : qu'est-ce qu'on est bien ensemble. C'était vrai, c'était beau, mais… c'est vrai qu'il y a une certaine réalité qui fait que cela en a été autrement.

— Comment ça, autrement ?

— À la séparation, je ne pouvais plus supporter de faire le messager entre ma mère et mon père, ni voir la colère entre les deux.

— Ton père était parti ?

— Oui. C'est facile pour un père de s'en aller...

Il fit une pause.

— ...Mais c'est aussi facile pour une mère de prendre l'enfant et de partir avec, c'est sûr. Il ne faut pas mettre toute la faute sur le dos des hommes aussi.

Re-pause.

— Mais il y a beaucoup de mauvais pères, beaucoup, me dit-il dans un sourire sarcastique. Moi, ça m'emmerde de voir certains copains de mon père chialer sur la pension alimentaire alors que l'argent ne régit pas tout. La preuve, les plus belles choses que j'ai faites avec mon père n'ont rien coûté. Je me rappelle d'un certain voyage en vélo où on s'abritait sous des boites de carton à cause de la pluie et où on se racontait des histoires merveilleuses. Mon père m'a montré beaucoup de choses. On a appris des tas de trucs ensemble.

On regarda à la fenêtre ; il pleuvait toujours. Les plans que nous voulions tourner dans la vieille ville de Québec avec Martin et son fils attendraient. Nos autorisations de tournage étaient pour le matin, mais qu'importe. On mettrait en boite nos deux entrevues en attendant un dégagement. Je ne nous voyais pas tout faire à la pluie.

Toujours selon le même principe, pendant que nous enregistrions Yoanis, Martin s'était enfermé dans son bureau. Cette fois, c'était au tour de Yoanis de disparaître.

Le bureau de Martin fut plus difficile à éclairer. Plus petit et plus blanc, il fallut ajouter des gélatines aux «spots» et jouer avec la réflexion des lumières. Je sentais Martin sur la défensive.

— Je me suis beaucoup impliqué auprès de mes enfants avant le divorce. Je suis d'origine Suisse allemand et mes deux enfants parlent l'allemand. Il a fallu que j'en passe des heures avec eux pour qu'ils parlent la langue.

J'avais apporté des photos de famille du salon. Sur l'une d'elle, Yoanis, petit, jouait du violon avec son père.

— J'ai quitté le domicile en 1996. Les deux dernières années de mariage, j'ai perdu mes enfants de vue parce que je sentais que mon rôle était remis en question. Je me suis retiré. Si je n'avais pas quitté, je n'aurais pas pu récupérer ma relation avec mes enfants.

Un autre cliché de l'album montrait le père de Martin avec son fils et son petit-fils devant un paysage typique de la Suisse : montagnes aux cols enneigés, sapins et petit chalet en rondin aux fenêtres fleuries.

— Comme mon père n'a jamais été un modèle pour moi, au divorce, j'ai dit à mes enfants : «Nous sommes dans une situation difficile. Je ne sais pas être père avec des ados parce que je n'ai pas eu de modèle. Donc, il faut qu'on se crée un modèle qui nous convienne.» Ça a marché. Mieux avec

Yoanis qu'avec Rebecca d'ailleurs. J'ai pu ainsi récupérer une situation catastrophique avec la collaboration de mes enfants. Je n'ai pas tout le mérite.

— Et maintenant, tu t'impliques au sein d'un groupement d'entraide pour les pères?

— On veut donner des solutions aux pères pour qu'ils se repositionnent, qu'ils fassent ce travail intérieur du deuil de leur couple. Et puis on veut qu'ils se sentent en tant qu'homme dans leur relation père-enfant. **Les enfants n'ont pas besoin d'une deuxième mère.** Les ressources dans ce domaine sont extrêmement limitées. Lors de mon divorce, je n'ai pas trouvé l'aide dont j'avais besoin même si j'étais psychothérapeute. Il y a énormément de travail à effectuer dans ce domaine.

11

Jesson

Tonin, le graffiteur n'était pas tombé à la mort de son père et mon fils Jesson non plus lors de la séparation. J'étais parti de la maison en courant tellement l'ambiance était infecte. Le jour où je vins chercher mes affaires, cela n'avait été que cris et hurlements de la part de mon ex et de sa mère. Heureusement, un de mes amis m'accompagnait. Il était là comme témoin et rien n'arriva.

Décemment, face à Jesson, je ne pouvais me résoudre à décrire dans mon documentaire ce qui s'était passé avec exactitude. Et je ne le ferai pas dans ce bouquin non plus. Seuls mon ex, sa mère, mon ami et moi savions. C'était bien ainsi. Car trop de choses étaient en jeu ici : sa mère lui en avait-elle parlé ? De quelle façon ? Et puis, il y a toujours deux côtés dans les histoires de couples.

Un an passa après mon départ. Le jour du rendez-vous avec la cour, dix minutes avant le procès, le procureur de mon ex vint nous voir dans le hall du Palais de Justice. Mon avocate semblait d'accord avec lui : elle m'avoua que je n'avais aucune chance d'avoir la garde de Jesson. Mais la voulais-je vraiment à ce moment-là ? J'ai signé un règlement à l'amiable hors cour, un chèque de 2 000 dollars et je suis parti. Il y a vingt ans de cette histoire.

***

On était de retour à Montréal et Jesson avait finalement accepté l'entrevue. L'équipe était prête. Lui et moi nerveux. Il voulait que «ça» se fasse vite. Je le lui avais promis.

On parlait de sa grand-mère qui avait été un trublion dès l'origine de notre couple, sa mère et moi. Jesson n'éprouvait aucun ressentiment à son sujet. Il ne regrettait pas non plus la période où, habitant à Westmount*, je travaillais comme un dingue en bédé et à la radio.

— J'adorais les concerts de rock et les films pour lesquels tu avais des laissez-passer. J'avais l'impression d'être spécial. Et puis, je me souviens de ta méthode forte pour m'enseigner les tables de multiplication que j'avais du mal à apprendre... Je les avais apprises en un après-midi, je crois. Il y a des tas de belles choses dont je me souviens, tu sais. C'est lorsque vous vous êtes séparés que ça a mal tourné.

On était tous les deux autour de la petite table ronde. Il tritura son verre vide entre les mains. Je frappais nerveusement mon crayon sur mon bloc note.

— Je ne supportais plus vos cris. Je priais tous les soirs mon superman sur le poster pour avoir la force de passer à travers. Vous aviez oublié une chose : que j'étais là, que j'étais une personne. Je suis passé inaperçu dans cette maison. Je suis devenu la deuxième ou la troisième chose sur votre liste. Pour maman, c'était de trouver un mec. Pour toi, c'était le travail et les nanas. Moi, j'étais pffft !

Il fit un signe en l'air avec sa main. On se regardait droit dans les yeux.

*Quartier de l'Ouest de Montréal.

— Vous ne vous êtes pas bien conduits pendant dix ans. C'était vraiment nul votre affaire de parentage. Des deux bords. Donc très souvent, je me trouvais seul dans l'appartement et quand tu rentrais, ce n'était pas la joie parce que tu me criais après. Et je me jurais qu'un jour je me vengerais de toi... physiquement.

Derrière moi, je sentais l'équipe figée. Je savais qu'on tournait et c'était la première fois que je n'entendais même pas le moteur de la caméra située en arrière de moi à quelques centimètres de ma tête.

— Je pensais que tu n'allais jamais régler tes affaires, mais que tu fasses ce documentaire, c'est une preuve, c'est un bon signe que... que... tu es au courant !

Et il rajouta

— Mais c'est trop tard maintenant ! Moi, que je t'aime ou que je ne t'ai... Je t'aime. Je t'ai toujours aimé. Quand j'avais quinze ans ou aujourd'hui, c'est la même chose. Sauf que c'était plus compliqué avant. Mais tu as toujours dit que tu m'embrassais fort au téléphone. Ça j'ai toujours apprécié. Ça c'était bien même pendant les temps difficiles, ouais.

— Ça voulait dire que je t'aime quand même ?

— Oh, tu me l'as dit aussi... Mais pour moi, ce ne sont que des paroles. Il faut me le prouver.

12

Mon père et moi

Ma mère répondit. Comme d'habitude.

— André, c'est ton fils, le grand du Canada, l'entendis-je crier dans l'appareil. C'est Serge.

Une voix lointaine me parvint dans le récepteur. Puis, ma mère reprit l'appareil.

— Ton père regarde son émission favorite à la télé, il ne peut pas te parler.

— Bon, tu lui diras que je fais un film sur la famille et que j'aimerais tourner une entrevue avec lui à Saint-Sever. On pourrait aller à la pêche par exemple... C'est un document sur la famille que je fais. Mais c'est seulement avec papa, c'est un truc entre des pères et des fils...

Hésitation, puis agacée:

— Oui, oui, oui... enfin, bon. À la pêche? Je lui dirai. Et quand est-ce que tu viens?

— D'ici un mois, en octobre. Le 14 peut-être... Avant, je dois passer à Aix-en-Provence pour rencontrer Madame Christiane Olivier, une psy qui écrit des bouquins intéressants, tu connais?

— Non. Mais préviens-nous avant de venir. De toute façon, tu sais que nous on ne bouge pas d'ici... Attends cinq minutes, ton père me dit quelque chose. Qu'est-ce que tu dis André ?

Même voix lointaine. Puis de nouveau ma mère.

— Ton père me dit qu'à ce temps-ci de l'année, la pêche, c'est pas fort.

Moi au Canada, lui en France, ça faisait des siècles que mon père et moi nous ne nous étions pas parlé, seul à seul, sans ma mère. Entre hommes. D'ailleurs, à bien y penser, la dernière fois c'était à la pêche. J'avais seize ou dix-sept ans.

Une mère omniprésente ou un père trop absent, je ne savais plus. À l'adolescence, mes relations avec mon père avaient toujours été en eaux troubles. J'avais arrêté mes essais de communication avec lui assez rapidement et mon père aussi. Résultat : aujourd'hui, on ne ramait pas du tout dans le même sens.

En me rendant, en France, dans le Sud-Ouest, mes intentions étaient claires : je voulais avoir enfin une discussion, seul avec lui. Mais ce que j'espérais surtout — et là, je rêvais en cinémascope — c'était l'entendre me dire « je t'aime » pour la première fois de ma vie.

Et avoir le courage de lui dire « je t'aime » moi aussi.

***

Dominique, la cadreuse de Paris qui m'accompagnait, et moi-même arrivions d'Aix où le jour avant nous avions tourné deux entrevues avec Madame Christiane Olivier. Après avoir avalé plus de six cents kilomètres d'est en ouest dans le bas de l'hexagone, on atteignit les Hautes-Pyrénées en soirée.

Le petit village de Saint-Sever-de-Rustan se camouflait dans le Béarn, entre Tarbes et Lourdes. Une église du XIIᵉ, un château en ruines du XVᵉ ou du XVIᵉ et pas même deux cents habitants en été. Animaux et Parisiens inclus. En face de l'église et du moulin dont il ne restait que le nom, notre maison, grande et grise, occupait tout le coin situé entre la rue du Boucher, une autre rue sans nom et la départementale coupant le village.

Ancienne demeure d'un gros propriétaire rustanais, mon grand-père maternel, Julien Dupuy, l'avait achetée après avoir trouvé refuge, lui et sa famille, dans l'ancien presbytère du village pendant la deuxième guerre mondiale.

Dans les années cinquante, ce grand-père avait modernisé le bâtiment : électricité, eau courante, six chambres à coucher dont trois avec lavabos et mini salle de bain. Pour l'époque, en France et surtout en campagne, ce genre de maison relevait de l'exceptionnel. Mais grand-père était un fana du modernisme et un m'as-tu-vu aussi. Premier à posséder la télé au village, il fallait que ça se sache. Il l'avait installée dans le grand salon donnant sur la place village, la place de l'ormeau. Pour une bonne raison.

Dès que les programmes de l'unique chaîne noir et blanc débutaient vers quatre heures de l'après-midi, on ouvrait les persiennes. Tous mes copains qui attendaient à l'extérieur en croquant dans le pain-beurre-chocolat de leur quatre-heures, s'asseyaient sur le large rebord de la fenêtre et dévoraient avec moi le canard Saturnin, Zorro ou la patrouille de l'espace. La maison Dupuy était très populaire.

Julien, force de la nature, bourreau de travail et boucher de métier, avait eu très tôt l'idée d'élever ses propres bêtes sur ses terres, puis de les envoyer par train aux abattoirs de La Villette où il possédait un échaudoir. Sorte de consortium vertical inconnu à cette époque. Les affaires du grand père prospéraient rapidement, l'avenir semblait prometteur. Mais au milieu des années 60, le mauvais fonctionnement d'une valvule mitrale le conduisit au petit cimetière dissimulé derrière le château en ruines. Fin des rêves de grand père et de l'entreprise familiale.

Jusqu'à douze ans, je passais une grande partie de mes deux mois et demi de vacances d'été à Saint-Sever. Dans les années soixante, le village grouillait de jeunes et j'avais des tas de copains fermiers aux alentours. Ils m'appelaient le petit Dupuy. C'est vrai que j'adorais mon grand-père Julien.

Il me trimbalait sur son tracteur orange. Un Renault cinquante chevaux, tout neuf. Le plus puissant du village. Il fallait qu'il ait le plus puissant. On allait voir les vaches dans l'étable et il me promenait dans sa belle Panhard jaune canard, neuve aussi, qui n'arrêtait pas de tomber en panne.

— Ah, ça c'est de la bagnole, n'arrêtait-il pas de répéter.

Je l'aimais tellement ce grand-père que moi, avec ma toison bouclée comme un mouton, j'avais décidé de me faire couper les cheveux en brosse. Comme lui. Ce crime, pour ma mère, s'était commis chez un coiffeur du bord de mer où mon grand-père et moi étions allés pendant que mes parents jouaient au mini-golf.

— Oui, oui, il veut les cheveux en brosse comme moi, comme les hommes, avait-il crié au coiffeur étonné et inquiet en même temps.

Alors, avait débuté pour des années à venir, et pour tous mes coiffeurs, le rituel de la coupe «brosse à dents».

Ce calvaire consistait à faire tenir droit des cheveux dont l'unique envie était de «tirbouchonner». L'artiste capillaire commençait par m'enduire les cheveux d'une substance collante et luisante de couleur orange carotte comme le tracteur de mon grand père. Puis, le capillisculpteur tentait, dans un exercice de haut vol, de les dresser à la verticale de mon crâne afin de les cisailler à niveau, comme une haie de cèdres. Le plus court possible.

— Bien dégagé devant et très court derrière, demandai-je jusqu'à mes quinze ans, c'est-à-dire l'époque des Beatles.

Qu'il était fier ce Julien quand j'allais le voir dans son échaudoir des abattoirs de La Villette à Paris. Il me présentait à tous ses copains.

— Mais oui, c'est mon petit-fils. Et puis, il veut être boucher comme son grand-père, hein? disait-il en me poussant dans le dos vers ses copains. Il reprendra mon affaire, vous verrez. Regardez comme il est costaud.

J'aimais ce grand-père Dupuy et il me le rendait bien. Le jour où son chien Siki, un caniche royal noir, m'avait mordu le poignet, tout le monde crut qu'il allait le tuer. Si cette histoire de moineau blessé que j'avais rapporté et à qui il avait tordu le cou pour abréger ses souffrances ne s'était pas interposée entre nous, je serais peut-être boucher à l'heure qu'il est.

Après le meurtre de l'oiseau, je ne voulais plus entendre parler de viande. J'avais décidé d'être le Zorro qui défendrait les vaches et les oiseaux. Je serais vétérinaire.

Qu'à cela ne tienne. Mon grand-père arpentant le devant de son échaudoir à La Villette à la façon de Tartarin de Tarascon, fier comme un coq, continuait à me pointer du doigt devant ses copains :

— Mon petit-fils ne veut plus être boucher, non messieurs. Il a décidé d'étudier pour être vétérinaire. Il est pas bête ce petit, je vous le dis, parce qu'avec toutes les génisses que j'aurai, il va en avoir du boulot.

Et il pavanait devant son quai de livraison, béret porté à la basque, les mains dans les poches de sa blouse bleue que je n'ai jamais vue tachée d'une seule goutte de sang.

Pourquoi donc me souvenais-je de ce grand-père qui me faisait sauter sur ses genoux, qui m'installait sur l'aile de son tracteur, qui semblait toujours fier de moi, mais aucunement de mon père me prenant dans ses bras ou m'embrassant ? Ni de ma mère d'ailleurs.

**

Les premières maisons du village ravivèrent tous ces souvenirs. La maison de l'ancien maire de Saint-Sever, monsieur Fourcade, celle des Battut, puis le pont sur l'Arros et l'église en face de chez nous.

Le soir tombait, le portail nous attendait, ouvert. Tiens, ils l'avaient changé. Je reconnus la vieille chaise longue verte, en tube, du grand père devant l'auvent de l'entrée. Mes pneux crissèrent sur le gravier tout neuf. Ma mère sortit en trottinant, me fit signe d'avancer un peu plus et glissa une bâche sous le devant du véhicule.

— C'est pour les fuites d'huile. Tu comprends, on ne veut pas refaire le gravier. Dis, ton père a eu assez de mal comme ça, ajouta-t-elle pour s'excuser.

Papa achevait l'installation de la toile sous la voiture. Tout le monde se fit «la bise» et je présentais ma camérawoman.

Le repas arriva vite. À table, j'expliquai un peu, mais pas trop, ce que je voulais faire le lendemain à la pêche. J'avais une journée de tournage prévue avec mon père. Le budget n'en prévoyait pas une de plus. Je ne pouvais donc pas rater mon coup.

J'étais quand même surpris. Ma mère ne s'étonnait nullement de ne pas faire partie de mon film. Mon père ne posait aucune question sur le véritable pourquoi de ma visite et de ce tournage. S'en doutait-il? Ne voulait-il pas aborder le sujet devant ma mère? Sentait-il que le temps était venu de se parler? Aucune idée. Mais, il était loin d'être idiot.

— Où veux-tu faire ça? demanda-t-il. Il faudrait aller au pied du bois ou vers la baignade, mais en cette saison il n'y a plus de sauterelles et ça mord pas trop.

Papa pêchait à la dandinette, une sauterelle au bout de l'hameçon ou au vers, avec une plume. Mais il préférait nettement la sauterelle.

— Tu sais, tout ce que je veux, c'est un endroit où on peut mettre nos lignes à l'eau, expliquai-je. La sauterelle, il faut se déplacer le long de l'Arros… ça n'est pas facile pour la prise de vue ou le son. Montons des lignes à vers et pêchons ici, à côté de la maison, en bas du pont.

— Oh, il n'y a pas assez de fond en ce moment. On n'attrapera rien.

— Mais le but, ce n'est pas d'attraper quoi que ce soit, c'est de nous mettre en situation pour avoir une petite entrevue toi et moi.

— Ah bon, si c'est pas important alors…Et ça va durer combien de temps ?

— Oh, on devrait avoir fini vers midi. On doit prendre des images du village aussi.

Avec la cadreuse, nous prîmes le temps de repérer les lieux du tournage du lendemain, sous le pont. À cet endroit, l'Arros était large et effectivement peu profonde ce qui me permettait de placer la caméra derrière des roseaux sur l'autre rive, à environ cinquante mètres de mon père et moi. Histoire d'oublier la présence de l'objectif, un 20 X. Le peu d'eau permettait également que nous approchions. Quant au son, deux micros sans fil dissimulés sous nos bretelles de salopette, feraient l'affaire.

Ma mère installa la cadreuse dans l'ancienne chambre de mémé, mon arrière grand mère. Je pris celle de Nicole, la sœur de ma mère et ma marraine. Au passage, je retrouvai ma collection de San-Antonio et ne m'endormis que très tard sur « *Vas-y, Béru !* »

***

Dominique et moi, nous nous levâmes de bonne heure pour régler les derniers détails techniques et tout le monde déjeuna. Une fois les micros installés, mon père et moi prirent la petite rue étroite du Boucher avec nos cannes à pêche. On tournait.

On se dirigea vers la rivière. Conversation de pêche banale.

— Les ablettes, il faut du soleil pour les attraper... Je ne sais pas si on en verra en bas du pont aujourd'hui, lança mon père en sifflotant. Signe d'énervement

Je remarquai pour la première fois qu'on avait ce même tic.

La rue de pierres rondes se faufilait sous une vieille arche des anciennes fortifications, puis débouchait sur les abords de l'Arros. Les fermiers empruntaient le même chemin, en plein centre du village, pour aller faire boire leurs bêtes en rentrant des champs. Ce que les troupeaux laissaient derrière eux séchait vite, mais il fallait quand même faire attention où nous mettions les pieds. Je donnai le temps à la caméra de s'installer et nous lançâmes nos lignes.

Par où commencer? Comment amorcer *la vraie* conversation?

Angoisse.

Tout y passa.

— Ils ont enlevé l'îlet au milieu de la rivière, remarquai-je, mes bottes à moitié dans l'eau.

— Tu ne l'avais pas vu? Ah non? Oh, ça fait longtemps de ça.

— Avec Alain, l'autre Serge et tous les copains qu'est-ce qu'on pouvait s'amuser dans les roseaux de l'île. Je me souviens: on avait même construit une cabane et un radeau avec des bidons. C'est vrai que le courant était plus fort.

— Ah oui... mais depuis, il n'y a plus d'inondations. Le lit est plus large et les bêtes viennent boire sans risquer de se noyer... et puis c'est mieux, ça fait plus propre.

Nos banalités durèrent une éternité. C'était prévu. J'avais refilé cinq cassettes d'une demi-heure à ma cadreuse.

— T'occupes pas, tu tournes, l'avais-je avertie. Ça risque d'être long.

Après une heure de rien, on commençait à peine à oublier l'objectif de l'autre côté. Déjà physiquement les deux pieds dans l'eau, je décidai de plonger. Dans le vif du sujet, cette fois.

— Est-ce que tu es fier de tes trois enfants, moi, Bruno, Annie, bredouillai-je?

— Ah oui, quand même! Oui, vous avez quand même réussi. Je ne sais pas, mais regarde ton frère; il a une situation. Ta sœur, elle a une situation. Et toi, toi...

Une pause.

— ...Ben, tu as *quand même* une situation!

Moi, j'avais *quand même* une situation. Je ne pus résister et je pouffai de rire.

— J'ai *quand même* une situation, répétais-je. C'est ça, je suis le rigolo de la famille qui a *quand même* une situation!

— Ah oui... oui, parce que tu as été un peu long à comprendre à mon avis.

Je le coupai dans son élan.

— Tu trouves?

— Quoi?

— Que j'ai été long à comprendre.

— Ah oui ! Parce que tu as fait un peu de tout, là, hein ? Ton frère et ta sœur, ils se sont mis dans un truc et ils y sont *restés*. Tandis que toi...

— J'ai fait *un peu de tout*, quoi.

— Ah oui. Heureusement, ta mère était là pour vous surveiller. Elle s'est démerdée pour vous botter le cul, un peu. Sans elle, je ne sais pas ce que j'aurais fait.

Chaque fin de coulée, nous ramenions nos lignes de façon machinale en amont du courant. Comme par réflexe, nous suivions nos plumes qui couraient et se redressaient à la surface de l'eau. Ni lui, ni moi, nous ne nous regardions.

— Est-ce que tu aurais voulu t'occuper plus de nous ?

Sans aucune hésitation :

— Non, non, pas tellement, non. Je préférais travailler. C'est pareil, mon père préférait travailler. Il ne s'occupait pas beaucoup de moi. J'ai été élevé par ma mère, moi. Ça ne me dérangeait pas d'aller travailler, moi. J'ai toujours été habitué à me lever à cinq heures du matin. Ça ne me dérangeait pas beaucoup.

Une heure et demie que nous balayions l'air de nos cannes à pêche. Ça cogitait fort dans ma tête. Les mots se bousculaient. Ils avaient du mal à sortir. J'avais l'impression d'avoir la bouche gelée comme par grand froid.

— C'est que moi aussi, j'ai travaillé comme un fou... en bande dessinée, en télé...

— Ah oui, ah oui, acquiesçait mon père toujours sans me regarder.

— … Et je me suis aperçu que Jesson avait manqué de quelque chose… que ce quelque chose n'était pas là… (*hésitation*)… Je ne lui ai même pas dit que… (*hésitation*)… Entre hommes, on ne se le dit pas, tu sais… qu'on s'aime et tout ça et cætera. On ne se le dit pas, hein?

— Oui, moi non plus, moi non plus…

Mon père empiétait sur mes fin de phrases, mais je ne m'arrêtais pas. Notre duo continua ainsi un certain temps.

— Moi, je ne me rappelle pas que tu m'aies dit «je t'aime», cafouillai-je.

— Non, moi non plus.

— … Et je ne me rappelle pas t'avoir jamais dit «je t'aime»?

Ça y était: je l'avais sorti. J'attendis.

— Non, non, non…

Les yeux rivés sur sa plume, il eut un silence puis un petit rire sarcastique.

— Nous, on n'est pas des poètes, hein?

— Non, affirmai-je faussement absorbé par une plume que je ne voyais plus depuis un bon moment. Mais c'est important de le dire. Tu vois, à Jesson, je ne lui ai pas dit. À Alix, je lui dis tous les jours. Il y a une grosse différence.

Il sembla un instant soulagé.

— Aaah, mais ça dépend des enfants, ça aussi. Il y en a qui sont… qui sont… comment dirais-je ?… Qui aiment qu'on leur dise toujours ceci, je t'aime, c'est toi le plus beau ! Peuh ! Moi, on ne m'a jamais dit je t'aime et je n'ai pas éprouvé le besoin de le dire à mes enfants… Ce que je voulais, c'est qu'ils se débrouillent tout seuls. C'était surtout ça. Parce qu'aujourd'hui, on a une vilaine jeunesse. Les gens ne s'en aperçoivent pas, mais…

La grosse chienne blanche des Pyrénées qui nous observait, aboya sans raison et traversa la rivière à gué, un peu plus loin. Mon père se tourna vers elle comme pour lui répondre.

— Quoi ?

— Elle est d'accord, dis-je.

L'Angélus sonna au clocher de l'église. Midi. C'était sacré pour mon père. On rentra donc déjeuner.

De l'autre côté de la rive, Dominique, bottes percées, marinait depuis deux heures dans les eaux glaciales de la rivière. Elle fut très heureuse d'arrêter de tourner.

***

Ce ne fût que bien plus tard au montage de l'entrevue que je m'aperçus à quel point avec l'âge, je ressemblais de plus en plus physiquement à mon père. J'avais la même voix et je sifflotais tout comme lui.

J'appréhendais cette journée de pêche avec mon père. Mais finalement, je m'étais aperçu qu'il avait été honnête avec moi. Ses «je t'aime», c'était ses silences, son humour noir, ses blagues pince-sans-rire et ce n'était pas un hasard si je m'étais retrouvé en bande dessinée.

Ça m'avait fait du bien de lui parler finalement. Même s'il ne m'avait pas dit de façon claire ce que je voulais entendre. Même si moi non plus je n'avais osé lui dire. J'avais l'impression qu'on ramerait désormais un peu plus synchro tous les deux.

13

Aix-en-Provence

Deux jours avant de nous rendre dans les Pyrénées, nous avions tourné Madame Olivier à Aix-en-Provence. Elle et moi avions convenu de cette date par téléphone avant mon départ de Montréal parce que c'était la journée d'enregistrement de ses chroniques radio. Après une première entrevue chez elle, nous nous étions rendus dans les studios de Radio France Bleu Provence où l'animatrice Corinne Zagarra enregistrait avec Madame Olivier une série de capsules pour son émission «Psycho famille».

Les sujets de ces capsules recoupaient en tous points ce dont nous avions déjà parlé en entrevue, madame Olivier et moi.

Afin de varier les plans et comme nous disposions de quelques minutes entre les capsules, je choisis d'en tourner la moitié à l'intérieur du studio, puis l'autre moitié à travers ses deux fenêtres ainsi que deux ou trois plans de la régie.

Dominique planta deux spots sur Corinne et Madame Olivier pendant que j'entortillai le fil de notre micro émetteur autour du cable du micro studio. On était prêt à tourner.

En régie, la technicienne donna le décompte et, à cinq, Corinne démarra:

— Ce sont les pères qui retiennent l'attention de la Psycho Famille, cette semaine, sur France Bleu Provence avec notre psychanalyste spécialiste aixoise Christiane Olivier. Christiane, bonjour.

— Bonjour.

— Voilà un sujet sur lequel vous avez beaucoup écrit, alors parlez-nous de ces pères aujourd'hui, Christiane.

— Je voudrais tout d'abord dire que dès le départ nous avons tous besoin de nos deux parents. Je ne mets pas l'oedipe ou l'initiation à trois ans comme certaines et certains ! L'oedipe, ça se tricote tous les jours à coups de corporéité, à coups de sensualité. Alors, pourquoi les pères ont peur de s'occuper de leurs enfants ? Parce qu'on ne leur a jamais dit que leur sensualité était quelque chose de positif. On leur a dit sans arrêt que leur intelligence et leur capacité à gagner de l'argent étaient très positives, mais on ne leur a jamais dit que leur corps était indispensable à l'enfant.

De même qu'ils sont indispensables à la conception, ils sont indispensables à la naissance. Mais ça n'a pas été clairement établi. Les pères ne s'en sont pas rendus compte. Pourquoi les pères s'en rendent compte aujourd'hui ? Parce qu'il y a une sorte de couperet au-dessus de leur tête.

À quatre-vingt-cinq pour cent, les enfants sont attribués aux mères. Au moment du divorce, on leur donne pratiquement à elles toutes seules l'enfant. Et elles disent : «Je vais perdre le père — ça m'est bien égal. On va me donner de l'argent et je serai enfin seule avec mon enfant». Les femmes sont vues comme indispensables et les pères tout à fait aléatoires.

Au moment du divorce, les pères se disent : « Puisque j'ai été un bon père, puisque je reviens chaque soir à la maison pour m'occuper de mon enfant », puisque qu'on lui a fait subir une enquête psychologique et que celle-ci est correcte, il se dit qu'on va lui donner des droits égaux à lui et à sa femme. Il s'aperçoit que non, que la femme est protégée, qu'il est condamné — le mot est affreux — « Monsieur vous êtes condamné » lui dit-on. Il n'est pas en faute. Il ne savait pas ce qu'il avait à faire. Lui, il a rapporté l'argent et a laissé l'enfant à la mère en croyant que c'était ça ! Il ne se sent pas fautif et, en plus, on le condamne à payer. Ce qu'il a toujours fait d'ailleurs. Finalement, on lui dit : « Monsieur, vous n'êtes qu'un portefeuille, retournez à votre portefeuille. »

L'homme sort de là secoué. « Bon, puisque je ne suis qu'un portefeuille, je vais faire appel et alors là ! »… Il recommence une deuxième démarche qui n'est pas plus fructueuse que la première car on renvoie toujours l'enfant à sa mère. **On ne donnera les enfants aux pères que lorsqu'on aura compris l'importance du *paternage*.**

On doit se poser des questions aujourd'hui. Est-ce que les hommes doivent encore se charger seuls de la subsistance d'une famille alors que les femmes en sont capables ? Doivent-ils être réduits à leur seule valeur de travailleur, alors qu'il y a de moins en moins de travail, et qu'ils sont de plus en plus capables de s'occuper de leurs enfants aussi bien que les femmes ?

***

Ça me rappela les observations que j'avais faites à Montréal au courant des deux dernières années et à Aix le matin même ainsi que la conversation que madame Olivier et moi avions eue dans son salon peu après.

À Montréal, dans le centre-ville, près de chez moi, sur le Plateau, du côté du Parc Lafontaine, de plus en plus de pères promenaient leurs enfants en poussettes dans la rue, dans des chariots au supermarché, dans les épiceries. Semaine ou fin de semaine. Le jour de la rentrée, à l'école d'Alix, autant de pères que de mères. Même chose au Conseil des parents.

À Aix, faute de temps nous avions abandonné l'idée de tourner des entrevues «trottoirs» (vox pop au Québec) d'enfants, mais Dominique et moi, nous nous étions quand même rendus à l'entrée d'une école du centre d'Aix. Des pères et des mères déposaient leurs enfants en voiture, à pied ou à bicyclette. Et tout ce petit monde s'embrassait, se disait au revoir rapidement et filait à son boulot chacun de son côté.

Pourquoi alors dans les séparations, entre quatre-vingt deux et quatre vingt-cinq pour cent de garde exclusive aux mères ? Pourquoi une telle évacuation des pères alors qu'on les voyait de plus en plus s'impliquer auprès de leurs enfants ?

J'avais posé la question à Christiane Olivier.

— Les femmes veulent que les hommes s'impliquent dans *leur* plan à elles. Ce sont elles qui dirigent, elles qui *savent* ce qu'il faut faire.

D'un mouvement de la tête, elle s'adressa plus spécifiquement à moi.

— Vous, vous ne savez rien du tout. Les femmes veulent bien être *dépannées,* mais pas être *remplacées*. Quand on est un père, on remplace vraiment, on fait des gestes différents. On donne une autre bouffe. On fait ce qu'on veut. Le père inaugure des choses que la mère n'aurait pas faites. Et c'est très bien. Les mères bloquent à cet endroit parce qu'il ne faut jamais oublier que la mère ayant eu le corps traversé par son bébé, il y a un peu de sa chair et de son sang qui sont mariés à ce bébé. Et elle a beaucoup de mal à renoncer à cela. Quand le père approche, elle a du mal à le laisser faire et ce père doit s'en approcher pour couper le cordon… et là, il fait déjà mal à la femme.

Elle tritura un moment le coupe-papier sur son bureau.

— Il faudrait dire aux pères : «les bébés quand ils naissent, au bout de trois heures il faut les nourrir. Allez hop, un biberon! Que ça vous plaise ou ça ne vous plaise pas, il faut le faire sinon il va mourir.» On devrait introduire le père ainsi. Ce serait obligatoire. Il n'aurait pas le choix. Plus tard, ça éviterait de nombreux problèmes de part et d'autre. Parce que, en ce moment, lors d'une séparation, quand le père réclame l'enfant, la mère voit ça comme un vol, comme un viol. Comme quelque chose qui fait fracture dans sa vie. Je pense qu'au départ, elles sont tellement en colère qu'on intervienne sur leur relation avec leur bébé qu'elles voient le père comme faisant une infraction et fantasmatiquement, elles l'accusent d'effraction… qui n'a pas lieu dans la réalité.

***

14

Ghislain:
l'homme en colère

— Un soir, elle appela les flics parce que je ne voulais pas lui donner le bébé. Ils ne sont pas venus cette fois-ci, mais elle avait compris le mécanisme. Elle a tout de suite embauché une avocate. Quelques mois plus tard, elle a commencé à faire des accusations de violence conjugale et j'ai reçu un premier affidavit. Sur un document de huit et demi par quatorze, il y avait seize pages et quarante-huit points de sévices causés aux enfants. Elle avait pris des notes de tout ce qui s'était passé, paraît-il. Et puis, après, devant les experts elle a craqué. Elle a dit que tout était faux et que c'était son avocate qui lui avait conseillé cette tactique pour m'évacuer complètement de sa vie et de celle de nos enfants.

J'étais de retour à Montréal. Il me restait quatre entrevues, donc quatre ou cinq jours de tournage. Pas plus.

Ghislain était le directeur d'un des groupes d'hommes que j'avais suivis ces deux dernières années. Il traînait sa cause d'une convocation en cour à une autre depuis plus de deux ans. D'ailleurs, je m'étais rendu en tant que témoin à l'une d'elle avec ses amis. En nous voyant, au dernier moment, le juge avait déclaré le huis clos.

À force de procès et de détermination, Ghislain était parti du statut d'une garde de ses deux fils, une fin de semaine sur trois à presque une garde partagée : 42 % du temps pour lui contre 58 % pour sa femme. Mais son ex continuait de refuser la garde partagée moitié-moitié. Ce qu'on appelait une coparentalité.

— Ça enlèverait un gros montant à sa pension alimentaire d'où son intérêt de faire de fausses accusations.

L'équipe de tournage était installée dans la salle à manger de la maison de jeunes où Ghislain était directeur. Il venait à peine de trouver ce boulot.

Il continua son histoire :

— Tout ça entraîna que je perde mon emploi. Çela a provoqué des pertes financières énormes. Moi, ça m'a coûté au-dessus de 52 000 $ et mon ex m'a dit que ça lui avait coûté plus de 40 000 $! On parle donc dans mon cas de 92 000 $ de frais judiciaires, nets d'impôts. Ce sont les économies d'une vie, ça.

Une ou deux fois par semaine, Ghislain s'occupait également du GEPSE, le Groupe d'Entraide des Pères et de Soutien à l'Enfant où il était président. Faute de subventions, l'organisme battait de l'aile.

— Les hommes qui nous arrivent au GEPSE sont en général mal en point. Ils viennent chercher de l'aide parce qu'ils ont reçu un premier jugement de la cour qui les écarte de leurs enfants. Il n'y a aucun service à leur disposition. Même les cours de médiation ne sont pas adéquats. D'abord, la médiation n'est même pas obligatoire et celui ou celle qui a intérêt à ce que ça ne marche pas pousse pour aller devant le tribunal. Les femmes, elles, savent qu'on ne leur prendra pas leurs fils ou leurs filles. Elles fixent tout de suite une pension sans même se poser la question si elles l'auront ou pas. On ne leur demande pas si elles sont de bonnes mères alors que le père, lui, doit prouver qu'il est un bon père. Sa paternité doit être certifiée ISO 9000*. Sachant ce qui les attend, souvent, les hommes eux-mêmes, de leur propre chef, vont consulter un expert afin d'obtenir des tests psychosociaux pour se défendre en cour.

Ghislain m'expliquait qu'au moment où l'homme prenait conscience de sa paternité, au moment même où il s'impliquait de plus en plus auprès de ses enfants, lors de la séparation, la garde de l'enfant allait à la mère dans 82% des cas au Québec. Seulement 13% de coparentalité et 5% de garde aux pères dans la province. Et quand ce n'était pas les avocats qui poussaient les mères à évacuer le père, c'était les groupements sociaux de défense du droit des femmes.

Lui, c'était un témoin qui l'avait sauvé des fausses accusations de menaces et de violence déposées contre lui par son ex.

J'avais besoin de visuel de Ghislain et de ses enfants. Je proposais de nous rendre à l'école primaire qu'ils fréquentaient. On tourna la sortie des classes avec Christophe et Samuel et on fila chez Ghislain avec ses deux gars le soir où j'avais prévu prendre quelques images d'une réunion du GEPSE.

*Standard de qualité professionnel au Canada

Luc, mon caméraman et moi, nous tournions l'arrivée du trio dans le petit appartement de Rosemont quand j'eus un doute : et si la mère refusait d'autoriser le passage de ses enfants à la télé ? Pour avoir connu plusieurs cas semblables dont le mien, je savais qu'il fallait être blindé de toutes parts dans ce genre de situation. Ghislain avait bien signé sa feuille d'autorisation, mais pas la mère des enfants. Je lui confiai mes craintes.

— Mais, je te la donne moi, l'autorisation, souria-t-il, comme si cela importait peu.

— Je sais, mais je n'ai pas celle de ton ex. Imagine qu'elle refuse ou même qu'elle voit ses enfants à la télé et qu'elle poursuive soit le réseau, soit le producteur. Je devrai refaire le montage.

— Regarde, me dit-il, sortant un magazine avec sa photo et celle de ses enfants en pleine page, on a déjà publié des articles de moi et de mes enfants.

Je jetais un coup d'œil à la publication tabloïde. Ouais… le papier parlait de son cas. Toujours pas convaincu, je demandais à France, mon assistante, de téléphoner à la mère pour lui demander officiellement son autorisation.

Après deux ou trois coups de téléphone avec l'intéressée et l'envoi d'une télécopie du formulaire d'autorisation de tournage, ce fût un non catégorique et sans appel. Je repris quelques scènes à l'extérieur ne cadrant que les pieds et les mains des enfants. Je pouvais faire mon deuil de tout ce que j'avais tourné à l'école.

Le visuel terminé, avant la réunion du GEPSE, on tourna un complément d'entrevue avec Ghislain.

— Peut-on encore être un père signifiant avec soixante-cinq jours de visite par an ? me demanda Ghislain.

— Non, je le sais. C'est la raison pour laquelle j'ai tenu à ce que ma séparation avec la mère de mon petit Alix se passe bien. Mon ex et moi, nous avons mieux réussi notre divorce que notre mariage. C'est là le secret à mon avis.

Il me tendit un expresso.

— Sucre ?

— Non.

— Lait ?

— Non, merci.

Il supa du bout des lèvres son café bouillant.

— Réduire le rôle du père à celui de simple parent visiteur, c'est comme réduire la mère à visiter la belle maison du couple d'avant le divorce alors qu'elle vit dans un taudis.

Ghislain reprit une gorgée.

— De toute façon, elle n'a rien à craindre puisqu'au divorce, c'est elle qui a aussi la maison.

Une pause.

— Mais, il n'y a quand même pas 82 % de crétins, hein ? Alors, lorsque le père est compétent, lorsqu'il a pris son rôle de père au sérieux, c'est plus difficile pour la mère d'obtenir la garde exclusive. Dans ce cas là, on fait des accusations de violence conjugale, de violence psychologique, financière et on ne va pas se gêner pour parler d'attouchements sexuels. Parce que la stratégie, ce n'est pas d'aller jusqu'au bout du processus d'accusation. Il y a le criminel pour cela! Mais on va utiliser ce mécanisme de fausses accusations pour décourager.

— Et ça marche?

— Bien sûr que ça marche! Je parlais dernièrement à une scientifique de l'INRS, l'Institut National de Recherche scientifique. Elle me disait que, d'après les dernières statistiques, plus le père tient longtemps dans les procédures de divorce et de garde des enfants, plus il a de chances d'obtenir une garde partagée. Mais chaque fois que tu vas devant la cour pour te défendre, ça te coûte des frais d'avocats. Tu paies la pension, les avocats, souvent le reste des factures de l'auto ou de la machine à laver que ta femme a gardées. Lavés-eux mêmes, les pères abandonnent.

Du coin de l'œil, les premiers membres de la réunion du GEPSE arrivaient dans le hall d'entrée de l'appartement. On allait devoir interrompre l'entrevue. Ghislain se retourna et les vit arriver également. Puis, en guise de conclusion, vers moi, sérieux, il ajouta:

— Et puis pour un père qui avait l'habitude de voir ses enfants tous les jours, des visites éclair de temps en temps, ça ne ressemble plus à l'image qu'il se faisait de sa paternité. La douleur et les déchirements lors des départs fréquents, le fait que son ex ne favorise pas ses contacts avec ses enfants et surtout l'idée de savoir que le prochain copain dans la vie de son ex épouse profitera de ses enfants dix fois plus que lui, c'est extrêmement difficile à supporter. Alors, il disparaît en essayant de se convaincre qu'il n'y aura plus de conflit et que c'est mieux ainsi pour ses enfants.

Thus, the role of the parent is "that of a very interested observer, giving love and support to [the child] in the background"

«Le rôle du parent visiteur est celui d'un observateur privilégié qui, **dans un rôle secondaire**, apporte amour et soutien à l'enfant.»

Juge Claire L'Heureux-Dubé
ex-juge de la cour suprême du Canada
affaire Young v. Young , 1993

15

Alain:
deux fois orphelin

Ses aquarelles avaient quelque chose d'Hindou, de ces tableaux naïfs de la période hippie des années 60. Des couleurs pastel et criardes, des motifs religieux. Non, mystiques plutôt. Des titres du genre: «La déchirure de la dépendance», «L'enfant roi». À la naissance de son petit Samuel, il y a huit ans, il avait peint «La lumière réincarnée» en son honneur. Sa femme avait eu des complications sérieuses à la naissance et il s'était occupé de son fils.

— J'ai trouvé que la naissance de Samuel était une telle joie, elle m'a donné une telle énergie que je l'ai comparée à un soleil.

Son tableau exsudait la foi de ces images pieuses qu'on retrouvait dans nos catéchismes autrefois. Un ciel bleu, rose, jaune et vert percé de rayons lumineux annonçant le messie.

Une minuscule boucle d'oreille en argent dans l'oreille, je l'aurais très bien vu avec des fleurs dans les cheveux. Seule sa coupe très courte sacrifiait à la mode des années 2000.

Alain avait une quarantaine d'années. Il était directeur du service de garde d'une école primaire de l'est de Montréal. Un quartier classé défavorisé par la commission scolaire. Lorsque je m'y rendis pour mon repérage, c'était la récréation. Alain portait un jeune garçon dans ses bras et plusieurs autres enfants s'agglutinaient à ses basques en l'appelant papa.

— Raconte-moi ton gros chagrin, Olivier fit-il au petit gros dans ses bras. Il avait la morve au nez de trop pleurer.

— Catherine veut pas jouerrrrrrrrr… Ouinnnn…

Alain chercha la Catherine des yeux. Elle était posté à deux mètres d'eux, l'air grave et coupable.

— Allez, Catherine joue un peu avec Olivier. Tu vois bien qu'il est triste.

Le drame réglé et la récré terminée, Alain m'invita dans son bureau. La pièce avait à peu près trois mètres sur quatre. Les quatre murs étaient recouverts d'animaux de la jungle, multicolores : toucans, giraffes, lions, éléphants. Pas un seul millimètre carré n'échappait à l'ambiance tropicale.

— C'est toi qui a fait tout ça ?

— Oui, fit-il en riant. Je trouve ça plus gai et puis comme ça les enfants ont moins peur du directeur, ha, ha, ha ! Ils adorent venir ici.

Le bureau paraissait être dans un fouillis indescriptible. Mais à bien regarder, c'était plutôt par manque d'espace pour tous ces dossiers empilés.

Une éducatrice entra et l'avertit qu'un enfant était malade. On n'arrivait pas à rejoindre ses parents. Il s'excusa et alla régler le problème. Quand il revint dans son bureau, il demanda à la secrétaire de prendre tous ses appels… sauf les cas d'urgence.

— Quand ma femme est partie avec mon meilleur ami, je n'ai pas apprécié le manque de respect qu'elle m'a démontré. Je le lui ai dit et elle n'a pas aimé. Je ne peux pas tolérer qu'on me manque de respect. J'ai exigé qu'on aille en médiation. Je voulais bien prendre Samuel pour moi tout seul, mais il a besoin des deux parents. Elle a accepté d'aller en médiation, mais ce fût difficile. C'était l'an passé, Samuel avait cinq ans.

Ses petits yeux noirs et ronds comme des billes luisaient derrière ses fines lunettes.

— J'étais très en colère. J'ai vu mon monde s'écrouler. J'ai été obligé de vendre la maison, de louer un appartement, de tout changer. Samuel ne comprenait pas bien, lui non plus. Je me souviens, à un moment, quand on lui a dit qu'on se séparait, il est venu dans mes bras… Sa mère lui a dit tout d'un coup comme ça…

Alain avala la boule qui s'était formée dans sa gorge.

— … Tu vois, j'en parle et ça fait encore mal aujourd'hui… Et puis, il me serrait fort…

Une pause.

— … C'est ça… C'est ça que j'ai vécu moi aussi. C'est comme si je faisais un retour en arrière lorsqu'on m'a appris que mon père était décédé. Je sentais que Samuel vivait la même chose.

Alain avait perdu son père très jeune alors qu'il avait treize ans. Un jour, revenant de l'école, il avait trouvé des tas de gens qu'il ne connaissait pas chez lui.

— Ton père a eu un accident, m'a-t-on dit. C'est toi le soutien de famille, il va falloir t'occuper de ta mère et de ta petite sœur. C'est dur à treize ans. Même que je lui en voulais à mon père de m'avoir fait ça. Pourquoi tu es parti, je lui disais? Parce qu'un père qui n'est pas là, il y a un vide à combler. J'ai travaillé pour rapporter de l'argent. Ma mère à un moment donné pesait quatre-vingt livres. je lui ai dit : « C'est moi qui sors pour étendre le linge, sinon tu vas t'envoler. » On arrivait à rire. Il fallait bien.

Puis, j'ai été obligé de retrouver quelque part cette énergie d'homme qui avait disparu chez moi. Parce que maman m'a tout donné sauf que maman n'est pas un homme…

Ses yeux étaient pleins à ras bord.

— …Elle ne pouvait me donner *ça*. Je lui disais : « Maman, je sais que tu fais tout pour nous. Tu as fait tout pour moi, mais… tu as des limites, tu sais. »

Il continua :

— Quand Samuel est venu dans mes bras, j'ai repassé tout cela dans ma tête. J'avais une telle agressivité en moi que j'ai acheté un punching-ball et que je frappais tous les jours jusqu'à l'épuisement. Je me suis remis à l'escalade et je grimpais pendant des heures. Arrivé chez moi, je marchais pendant des heures aussi. L'escalade pour moi, c'est comme une thérapie si tu veux. C'est justement pour passer toutes ces émotions. Que ce soit la colère, la rage, l'injustice… ou le mécontentement. Enfin tout. Tu es comme une boule d'émotions et tu dois décharger ça quelque part. Mais ça fait mal, très mal

— Et aujourd'hui ?

— Aujourd'hui, j'ai acheté un terrain à Bromont dans les Cantons de l'Est. Je veux y construire une maison. Je ne sais pas si je pourrai cette année, mais en tout cas Samuel et moi, on a défriché et nous allons construire une petite cabane pour lui, dans les bois. Dans un arbre, comme Tarzan. En attendant, je vais peindre le mur d'escalade de son école. On a plein de projets ensemble.

16

Bouée de sauvetage au National Post

Donna Laframboise était journaliste au National Post de Toronto. Elle détenait un diplôme en sociologie et elle était l'auteur du livre *Princess at the Window, a new gender morality*. Un titre qu'on aurait pu traduire par *La princesse à la fenêtre, une morale d'un genre nouveau*.

Mais c'était surtout ses textes dans le journal torontois qui m'avaient frappé. Sous le titre *Shelter in the storm,* elle venait d'écrire en novembre 1999, une série d'articles sur les maisons d'hébergement d'un bout à l'autre du pays. À travers de nombreux témoignages de femmes qui avaient été soit incitées à déposer de fausses accusations contre leur mari, soit intimidées par leurs collègues afin de ne pas révéler ce qui se passait vraiment *intra muros* dans ces maisons, c'était un véritable procès qu'elle faisait à ce qu'elle appelait les *Feminist social services in Canada*.

Donna Laframboise prétendait que ces maisons pour femmes battues étaient devenues l'outil idéal pour évacuer les pères qui scotchaient un peu trop à leurs enfants au goût de leur ex. Ce que Erin Pizzey, la fondatrice de la première de ces maisons d'hébergement pour femmes battues, à Londres en 1971, devait confirmer récemment, lors d'une tournée au Canada. Tournée qui bizarrement fût très très peu publicisée.

À la suite de ses publications dans le Post de Toronto, Donna Laframboise avait été littéralement submergée de courrier. Des lettres de pères et de fils qui lui racontaient ce qu'ils vivaient, mais aussi de mères et de nouvelles conjointes qui avaient toutes un frère, un nouveau copain ou un ami qui vivait ce même genre de cauchemar.

Mes journées de tournage s'épuisaient, je n'avais plus le ni le temps ni l'argent de me rendre dans la métropole ontarienne. Je fis donc venir Donna à Montréal, dans les bureaux de la production. Ça tombait bien, elle avait des amis à qui rendre visite ici.

Des cheveux blonds mi courts coupés en pyramide sur un visage poupin, vêtue d'une longue jupe à motif coloré, elle faisait très british. Donna parla peu avant l'entrevue. Elle attendit bien sagement dans un coin que les techniciens finissent leur installation et tout aussi posément vint s'asseoir devant la caméra. Je la sentis soudainement plus à l'aise.

— Aucun journaliste masculin ne pourrait écrire le dixième de la moitié de ce que je passe dans mes colonnes dans le Post.

— Pourquoi ?

— La rédaction refuserait, voilà tout. Pour le moment, il faut que ce soit une femme qui le dise.

— Mais, vous, comment en êtes-vous arrivée à parler des hommes comme ça ?

— J'avais travaillé en sociologie, dans le département des *Women Studies*, je ne sais pas comment on dit en français…

— Études sur les femmes, peut-être ?

— ... Oui... et j'entendais des tas d'amies déblatérer sur les gars comme s'ils étaient responsables de tous les maux de la terre. À l'heure actuelle, les hommes sont à peu près la seule minorité dont on peut se moquer ouvertement et sur laquelle on peut taper sans crainte. Mais moi, quand je me rappelais mon père garagiste dans le nord de l'Ontario, ce n'est pas ces images-là que j'avais en tête. Je revoyais un homme qui partait tôt le matin, qui travaillait dur et qui revenait le soir, tard, fatigué, plein de cambouis. Il lui arrivait même d'aller dépanner des gens en pleine nuit. Et malgré cela, je sentais toujours sa présence constante. On n'était pas riches, mais je ne peux pas dire que j'ai manqué de quoi que ce soit étant jeune, pas même de mon père.

— Comment voyez-vous les hommes aujourd'hui ?

— Le rôle joué par les hommes dans la vie de leurs enfants a changé. Il a largement évolué depuis dix ans ; ils participent beaucoup plus à l'éducation de leurs enfants. Le féminisme a placé les femmes sur le marché du travail et les hommes sur le marché de la famille en quelque sorte. Je parle ici du féminisme égalitaire, sain, pas de l'extrêmisme qui a l'air de prendre le dessus ces temps-ci.

Mais je crois qu'on a du mal encore à voir, à accepter que les hommes aient changé. Après des années d'esclavage, les femmes ont énormément de difficultés à admettre qu'ils souffrent aussi et que tout n'est pas rose pour eux non plus.

Donna prit le verre placé à côté de copies de ses articles et d'un exemplaire de son livre et but une gorgée d'eau. Deux projecteurs de cent watts et un de mille, il faisait chaud dans ce bureau.

— On estime qu'au Canada, suivant les études, de 40 à 50 % de couples se séparent. Les deux tiers de ces séparations sont demandées par les femmes. Et dans la majorité des cas, les enfants sont confiés presque automatiquement et exclusivement aux mères. Les femmes sont devenues indépendantes. Elles travaillent et gèrent leur vie, ce que je trouve formidable. On a développé des services sociaux pour elles et elles seules. Rien pour les hommes.

— Pourquoi en somme-nous arrivés à cette situation, d'après vous ?

— Parce que certaines féministes que je qualifierais de *man haters** ont colporté partout que les hommes se moquaient de leurs enfants, qu'ils ne s'en occupaient pas. Le professeur Edward Kruk, professeur en travail social de l'Université de Colombie Britannique a mené une étude au Canada et en Grande Bretagne dans les années 90. Il voulait connaître les effets du divorce sur les pères car on prétendait généralement que les pères non gardiens se désintéressaient de leurs enfants et que ceux-ci ne leur manquaient pas. Le professeur Kruk a constaté que le réalité était tout autre. Après la perte de contact avec leurs progénitures, l'étude montrait que ces pères passaient par une période de deuil similaire à celle que vivaient les pères dont l'enfant était mort. Cinquante-cinq pour cent d'entre eux développaient de nouveaux problèmes physiques de santé tandis que soixante-et-un pour cent éprouvaient des difficultés psychologiques jamais rencontrées avant leur divorce.

À la séparation, dans quatre-vingt deux pour cent des cas, la femme a les enfants, la pension, la maison. Le père se retrouve dans un trois et demi, paie une pension pour des

*Littéralement *celles qui haïssent les hommes.*

enfants qu'il ne voit plus, pour lesquels il ne peut plus prendre de décision et qu'il risque de perdre au profit du nouveau copain de son ex.

On ne parle pas que d'un seul type qui a fait une erreur et qui a embauché un avocat pas très bon ou d'un type malchanceux qui a eu un juge très dur. Il s'agit d'une situation qui se répète systématiquement. Cela n'arrête pas de se reproduire. Et il y a des gens qui en profitent. Ce ne sont pas les enfants, ni les pères. Je dirais même que ce ne sont pas les mères non plus, mais certains individus en profitent...

— Vous pensez à qui en particulier?

— Notamment les avocats en droit familial. Ce ne sont pas tous des profiteurs sans scrupules, mais beaucoup trop le sont malheureusement. C'est dans leur intérêt d'enflammer la situation. **Savez-vous que dans les états américains où on a instauré la coparentalité obligatoire, le nombre de divorces à diminué de 30 %?**

Et puis, il y a des femmes très puissantes aujourd'hui au gouvernement, et des hommes aussi, qui adhèrent au point de vue féministe que les hommes ont toujours tort, les femmes ont toujours raison et que les femmes doivent l'emporter dans les divorces. Ces gens peuvent croire qu'ils font progresser les droits des femmes, mais ce n'est pas bon pour les enfants.

ALBERTA
ADVISORY
COUNCIL
ON
WOMEN'S
I S S U E S

*[…] While it is beyond the scope of this discussion to address the growing concerns of women to such trends, an **increasing number of commentators now suggest that joint custody may simply perpetuate the influence and domination of men over the lives of women […]***

[…] Un nombre croissant de spécialistes suggèrent aujourd'hui, que la garde partagée perpétuerait **l'influence et la domination** des hommes sur les femmes […]

Madame Anne McLellan
Ex-ministre de la Justice du Canada
Extrait des pages 29 et 30 de
l' *Alberta advisory council on women issues*

Je lorgnais les articles étalés sur le bureau devant Donna, *Le mythe du père pauvre-type*, *Désespérés pour une nouvelle loi sur le divorce*, *Faites un place pour papa*, *Quand dire papa devient un gros mot.* Une copie de *La princesse à la fenêtre* trônait par-dessus les extraits de journaux.

— Et tout cela nous conduit à quoi en ce qui concerne les pères et leurs fils ?

— À une dévalorisation du rôle de gars et de père. Une étude faite sur les livres d'enfants publiés dans les années 90 révèle que dans la majorité des cas, si on ne montrait qu'un seul parent, on ne montrait que la mère. Le père n'existait même pas. Alors quel message cela donne-t-il aux garçons sur l'intérêt, sur la fierté d'être père ? Quel est le message donné aux jeunes filles sur l'importance d'un père pour leur enfant ? De nos jours, si vous regardez une publicité à la télévision et même dans les films, je vous garantis que neuf fois sur dix s'il y a un crétin, si quelqu'un est l'objet de risée dans cette pub ou dans ce film, il s'agit d'un homme. L'homme passe toujours pour un imbécile et la femme pour la personne intelligente. Ça finit par ne plus être drôle quand l'humour est toujours à sens unique. Alors, je m'inquiète pour la prochaine génération de jeunes hommes. Je me soucie des messages qu'ils reçoivent chaque jour. De la même manière qu'autrefois je me souciais des filles à qui on disait qu'il leur suffisait d'être des mères et des épouses et rien d'autre. Les garçons vont avoir besoin d'un renforcement positif de leur image parce que les messages extérieurs ne sont pas très positifs.

Chapitre

17

La sénatrice

Dernier jour de plateau. J'en étais à mon septième caméraman. Le tournage de ce documentaire, décidé à la dernière minute, avait été éprouvant. Trouver les cadreurs, les directeurs photos, un assistant, libres aux périodes voulues ; ré-expliquer chaque fois mes idées, les valeurs de plans que je privilégiais et doubler tout cela d'un preneur de son et d'une assistante de production, pfouuuu... J'étais content d'arriver au bout du tunnel.

Le miracle, c'est que tout ait fonctionné. Souvent, il avait fallu réagir vite, ne pas trop se poser de question et foncer. Par chance, pour ce premier documentaire, j'avais pu compter sur l'expérience de tous ces gens de talent qui avaient fait partie de l'équipe. Ils avaient toujours su répondre à mes S.O.S et donner leur maximum.

Le Parlement d'Ottawa ; heure d'ouverture de la session. Les coups du maître de cérémonie, en chapeau tricorne avec son bâton de maréchal, résonnaient sur le carrelage des couloirs pendant que le son lancinant de la cloche officielle appelait sénatrices et sénateurs à la session. Ils s'ajoutaient tous par vagues au cortège qui atteignait le rez-de-chaussée et dont le tricorne de tête, très solennel, venait de disparaître à l'intérieur de la chambre du Parlement. J'avais interrompu mon caméra-man et mon preneur dans leur installation d'entrevue pour filmer cette parade. Il fallait bien aussi du folklo dans un film, non ?

Ce ne fût qu'en queue de procession que Madame Anne C. Cools, sénatrice libérale, joignit le cortège ; ce qui nous per-mit d'arriver à temps pour la filmer. Une fois tout ce monde en chambre, deux préposées fermèrent les deux lourds battants en bois de la porte du Parlement. La cloche stoppa dans les couloirs. On retourna dans le salon de la Francophonie où nous nous étions installés pour l'entrevue avec Madame Cools.

La sénatrice Cools et le député libéral Roger Gallaway se battaient depuis plus de six ans pour apporter des amende-ments à la loi canadienne sur le divorce.

Madame Cools, appuyée par son collègue, venait de déposer le projet de loi S-9 portant sur les fausses accusations d'agressions sexuelles et elle participait activement à la cam-pagne fédérale-provinciale de consultation sur les change-ments de la loi du divorce et des pensions alimentaires. Cela faisait maintenant plus de cinq ans qu'elle menait la consul-tation nationale *Pour le bien de l'enfant* dont les résultats étaient connus, mais toujours ignorés par madame Anne McLellan, alors ministre de la Justice du Canada.

Cette grande dame noire aux cheveux blancs, que sa couleur de peau rendait encore plus éclatants, semblait chez elle dans ce salon fait d'un mélange de lambris d'érable et de tableaux anciens.

— L'an passé, j'ai reçu plus de deux cents cas de fausses accu-sations d'agressions sexuelles. C'était devenu pratiquement le moyen légal de se débarrasser des pères. Heureusement, il semble que cette année, il y ait moins de problèmes de ce type. Mais les lobbies féministes sont influents ici à Ottawa et en Ontario en général. Ce sont eux qui bloquent la réforme et qui incitent Madame McLellan à repousser l'adoption des changements importants et nécessaires de notre loi sur le divorce.

Madame Cools faisait allusion à ce qui s'était déroulé trois mois avant cette entrevue. Voici ce qu'écrivait à ce propos, le journaliste Chris Cobb du Ottawa Citizen, en juin 2001 :

> OTTAWA — Offensés, les groupes féministes ont menacé de se retirer des consultations gouvernementales sur les changements de la loi sur le divorce parce que leurs représentantes risquent d'être assises à côté de leurs homologues masculins défendant le droit des pères [...] La *National Association of Women and the law* et le *Women's Network on Custody and Access* ont déclaré qu'ils ne participeraient pas aux réunions parce que leurs représentantes croient que ce procédé renforcerait la domination des hommes sur les femmes[...] La *National Association of Women and Law* affirme même que la co-parentalité ne fonctionnera pas et qu'elle conduira au harcèlement et à des abus psychologiques sur les parents gardiens — en majorité des femmes[...]

Pendant que les groupements de pères se plaignaient du système de loi canadien qui les traitait comme des citoyens de second ordre et qui les expulsait systématiquement de la vie de leurs enfants, les lobbies féministes avaient pratiquement eu gain de cause. En effet, quelques semaines plus tard, en juillet 2001, le National Post, toujours sous la plume de Chris Cobb, rapportait :

OTTAWA, 5 juillet 2001 — […] L'avocate du département de la Justice, Madame Virginia McRae, co-présidente des audiences de la consultation, a déclaré que la demande des groupes de femmes pour des auditions séparées était envisagée par le comité de loi familial et par une douzaine de groupes autant fédéraux que provinciaux […]

Monsieur Ross Virgin, président de *Search of Justice* lui avait rétorqué : « Le simple fait que le département de la Justice envisage des auditions séparées, prouve le parti pris pro-féministe de madame Anne McLellan, ministre canadienne de la Justice. »

Aujourd'hui, toute cette bataille de pouvoir et d'influence n'avait fait que renforcer les positions de Madame Cools et de son collègue Roger Gallaway.

— Ne vous y trompez pas, je suis une féministe dans l'âme. Je suis avant tout pour la justice et l'égalité. Et je milite pour le droit des femmes… Je crois d'ailleurs que nous avons fait un grand bout de chemin dans ce domaine depuis les années 60. Mais, vous devriez allez tourner le samedi matin, dans le supermarché près de chez moi, et voir tous ces pères faire leur épicerie en poussant leurs enfants sur les chariots dans les allées.. sur le Canal Rideau, ici à côté du Parlement où en fin de semaine ils promènent leurs petits en chaise de bébé, derrière leur bicyclette. Ils sont adorables. Alors quand j'entends parler de toutes ces batailles juridiques pour la garde des enfants, au sein même de nos familles canadiennes, je suis triste. C'est pourquoi, je suis une ardente défenseure de ce projet de loi S-9, projet qui traîne depuis 1996.

Le psychologue Brain Hindmarch déclarait en 1998 — et c'est un témoignage que j'ai déposé en chambre — que dans la majorité des cas où une accusation d'agression sexuelle est déposée dans le contexte d'une évaluation sur la garde des enfants, le père n'a absolument aucun antécédent d'aberration sexuelle [...] il n'a jamais eu de démêlés avec la justice, ni aucun problème. Puis, au beau milieu d'une bataille acrimonieuse au sujet de la garde des enfants, il est tout à coup accusé de la forme d'agression sexuelle la plus haineuse et la plus rare, sur le plan psychopathologique.

Dans son mémoire présenté le 10 mars 1998, M. Hindmarch affirme qu'il vaut mieux être trop prudent que pas assez, continua-t-elle, lorsqu'on évalue des accusations dans le cadre d'un conflit sur la garde ou le droit de visite. Les recherches montrent que la grande majorité de ces accusations se révèlent être fausses en fin de compte. Les parents continuent à faire des dénonciations d'agression sexuelle contre leur ex-conjoint, sous serment, avec l'appui complet de leurs avocats et qui sont souvent tout à fait ridicules [...] Cependant, il devrait y avoir des moyens grâce auxquels les avocats pourraient injecter une certaine dose de bon sens et de sensibilité dans ces situations [...] Pour «gagner», il y a une propension à mettre sur papier et à rendre publiques des questions et des allégations qui, lorsqu'on les lira plus tard, seront sans aucun doute très traumatisantes pour les enfants en cause. L'acceptation pure et simple de documents aussi incendiaires par les avocats est inacceptable. Il faut inculquer aux avocats une plus grande sensibilité [...] une plus grande attention aux intérêts de l'enfant.

Dans son témoignage, M. Hindmarch a parlé directement de la question importante de la participation des avocats à de fausses accusations dans le cadre de procédures de divorce et de garde. Ceux-ci permettent aux gens — ou les y encouragent parfois — à inclure dans leurs affidavits des déclarations extrêmement explosives.

Toutes les données montrent que les enfants, ceux qu'on appelait les délinquants juvéniles autrefois, ceux qui ont des problèmes de comportement, d'agressivité ou de délinquance, tous ces enfants ont généralement un père absent de leur vie. Quand vous vous penchez sur le droit familial, vous voyez que pendant toute une époque, les décisions partent du principe que si c'est une femme, elle obtient la garde et elle obtient également la maison, le domicile conjugal... Elle a droit à une pension alimentaire pour elle et ses enfants. Avec ce système, nous avons créé un énorme déséquilibre. Il me semble que si nous nous préoccupons de ce qui est vraiment dans l'intérêt de l'enfant, nous devons comprendre que cet enfant sera profondément blessé par toutes les injustices subies par l'un ou l'autre de ses deux parents.

Épilogue

Confortablement installé chez moi au salon, dans le sofa, télé tournée vers moi, commande sans fil en main, je visionnais mes cassettes transcodées en format VHS. Le tournage était terminé. Soixante-quinze cassettes d'une demi-heure chacune pour arriver à un cinquante-trois minutes. Ce n'était pas des ciseaux qu'il fallait, mais une hache. Une tronçonneuse même.

Après plus d'un mois, j'avais listé une première sélection d'extraits pour le montage: onze heures de matériel à numériser, puis à visionner pour Jo, ma monteure. Un mois après, nous avions réduit ces onze heures à environ quatre-vingt-dix minutes.

Le montage tirait à sa fin et je relisais toutes les entrevues que j'avais écrites dans les moindre détails. Je ré-écoutais les extraits sur cassette afin de choisir les meilleurs moments pour la finale. Mais c'était quoi *les meilleurs moments?* Il y avait encore tellement de chose à dire et il fallait trancher. Finalement, je ne gardai que quatre extraits:

— «C'est encore drôle, mais la première chose que j'ai réalisée avec Jérémie, c'est que les parents marchent trop vite pour leurs enfants. J'ai tout de suite compris qu'il faut ralentir le pas, se mettre à leur portée. Et puis, il y a quelque chose qui m'a apaisé dans le fait d'avoir un enfant : c'est comme… pas vraiment un testament… mais tu laisses un morceau d'immortalité, d'éternité, quelque chose qui n'est pas à moi, mais il y a une partie de moi en lui. Ce qui fait que l'impression de la mort prend une autre dimension depuis que j'ai cet enfant-là. La mort me fait moins peur on dirait.»

— MARC

— «Je n'ai jamais oublié Gaétan une fois l'adoption faite parce que pour moi, la paternité est éternelle. Elle ne s'arrête pas. La façon d'être père est différente et ça va encore se transformer avec mon âge. Aussi avec le fait que j'avance dans la vie, et avec le fait que je vais arrêter de donner et que je vais commencer à demander et à accepter de recevoir. C'est vraiment un grand enseignement les enfants, un grand cadeau de la vie. Pour moi, c'est un très beau cadeau de la vie.»

— MAURICE

— «Je ne voudrais plus jamais revoir ces larmes sur les joues de mes fils chaque fois qu'on devait se quitter après une fin de semaine. Ce fût très dur surtout pour le plus jeune. Aujourd'hui, je m'occupe de la bibliothèque de l'école de mes enfants et puis j'essaie d'être un modèle pour les ados en difficultés qu'on héberge dans la maison de jeunes où je travaille. Dernièrement, la présidente de l'association des femmes monoparentales est venue me voir. Elle m'a dit que son fils de vingt ans, qui reste avec elle, lui avait lancé :

«Tu sais, maman, je ne me ferai jamais avoir avec une femme comme toi tu as eu papa.» Il y a des jeunes en colère en ce moment et c'est aux pères de faire quelque chose. Si on leur en donne la possibilité.

— GHISLAIN

Clo, le plus jeune de mes trois graffiteurs, celui qui avait à peine ânonné quatre phrases en trois ans, m'avait réservé un beau cadeau. Lors de mon tournage avec les graffiteurs, j'avais interrogé les trois ados séparément, comme à mon habitude. Clo passait le dernier. Alex, mon caméraman me fit remarquer qu'il ne me restait que cinq minutes sur la cassette de l'entrevue précédente avec Vido.

— Ne change pas, je lui répondis, je ne crois pas que ça dure longtemps.

France, mon assistante revint avec Clo dans l'appartement où on s'était installés. Il se campa sur la chaise devant la caméra. J'étais en train de replacer mon siège pour être dans l'axe de caméra quand je vis Clo attraper à deux mains le micro de Daniel, le preneur de son, et pratiquement avaler l'appareil.

Les yeux fermés, crachant littéralement dans le micro, il se lança dans un rap :

«Pfft, tchikatchikatchik, pfft…

J'ai envie de te barbouiller.

Moi je m'en fous, je te ris au nez,

Moi, j'sais que je suis le king, kong,

J'cogne,

Je grogne quand on commence à

me foutre en rogne,

what's wrong.

Mon cœur bondit comme une balle

de ping pong,

hé, hé, hé, hé…

[…]

Je n'osais plus le quitter des yeux. Rivé sur lui, je fis signe de la main à mon caméraman, derrière moi, pour qu'il tourne peu importe le cadrage ou la présence du micro dans l'image. Daniel m'adressa un clin d'œil pour m'assurer que le son était impec.

[…]

Ouais, ouais, stay rap

I love pure rap.

Putt, putt, putt…Tchip, tchip…Putt, putt..

[…]

—… Tu veux que je te parle de mon père, hein, me jeta-t-il en ouvrant les yeux et en s'arrêtant de chanter ? Vlà pas longtemps, je suis parti de la ville de Montréal. Je suis allé dans le bois pour me retirer et j'étais dans un maison, seul avec mon père. J'ai été chanceux, t'sé. On construisait ensemble de quoi. On ne placotait (bavarder) pas pour rien. Il ne me disait pas quoi faire. C'était ferme ta gueule et rame ! On repérait un arbre, on le découpait, on ramassait les branches… et à la fin, on s'asseyait et on contemplait ce qu'on avait fait. On avait construit un Tipi.

Clo refermait les yeux pour mieux se souvenir. Il dessina dans les airs, de ses deux mains, une forme de tente.

— On avait élevé des troncs, on avait fait un Tipi ensemble. On avait bâti de quoi qui était solide ensemble !…

Je sentis le doigt d'Alex me frapper le haut du dos. C'était le signal que la cassette était terminée. Je ne voulus surtout pas interrompre Clo et toujours sans le quitter des yeux j'indiquai à Alex de recharger illico. J'entendis la caméra s'ouvrir et redémarrer.

— [...] Peut-être que je suis arrivé maintenant à une autre étape dans ma vie. Cette étape est peut-être celle de devenir un homme, de penser à devenir un homme [...] Mon père, il m'a suivi comme un fantôme toute ma vie. Il a commencé dans un moment intense et après, il est resté tout autour de moi dans les nuages, dans mon ombre, toute ma vie. Parce que j'peux pas dire que je n'ai pas de père. J'peux pas lui enlever sa face. Parce que même si ton père meurt — ton père finit toujours par mourir un jour — Mais...

Une hésitation.

— ... Comment peut-il mourir quand tu as toute cette mémoire là qui te revient ? Il est encore là, il est encore vivant en train de partager des moments avec toi, en train de te donner de l'amour... peu importe ! La présence de mon père est déjà un amour, puis quand il n'est plus là, l'amour reste. Voilà, c'est comme ça...

***

Lors de la journée de complément de tournage organisée pour combler le visuel qui manquait, j'avais tourné mes deux fils en train de jouer au hockey avec moi dans la ruelle, en bas de l'appartement. En les regardant jouer je me disais qu'avec Alix, j'avais vraiment une relation père-fils, ça c'était certain. Avec Jesson, après toutes nos engueulades et malgré toutes nos confrontations dans le canot, j'avais déjà perçu des changements.

Pour moi, le film fût un long retour sur images. Après toutes ces années, j'avais l'impression de revenir sur les lieux d'un naufrage à la recherche de mon fils.

Pendant longtemps, je n'avais ramé que pour avancer dans la vie, dans ma carrière. Aujourd'hui, j'avais pris ce documentaire comme on prend un bateau de sauvetage pour retrouver son fils disparu dans la tempête. Cette fois, j'essayais de récupérer ce qui restait. Heureusement, Jesson n'était pas une épave. Il avait réussi lui-même à recoller une grande partie des morceaux. Le reste, il fallait le faire à deux.

***

Lors de la projection du film, quand Jesson se vit pour la première fois sur grand écran, il fût gêné. Non pas de voir sa binette, mais de *se* voir *me* dire tout ce qu'il m'avait lancé en entrevue.

— J'sais pas, j'ai l'air d'être trop dur, c'est pas ça que je voulais, disait-il à tout le monde en sortant de la première et en m'évitant aux premières minutes de la réception.

Il fallut le rassurer…

Aujourd'hui, ça va beaucoup mieux.

***

Je viens de téléphoner à mes parents en France pour leur dire que le film est terminé, qu'il est passé à la télé et qu'il a été bien accueilli. Je ne veux pas envoyer la cassette par la poste. J'irai les voir cette année pour la leur montrer.

C'est mon père qui m'a répondu. Nous avons eu, pour la première fois, une vraie conversation au téléphone.

Terminé à Montréal, ce mardi 14 janvier 2003.

Merci Toufik pour tes conseils et Denise pour m'avoir obligé à ré-écrire la fin.

Remerciements

Christiane Olivier, psychiatre et auteure
Donna Laframboise, journaliste et auteure
Anne C. Cools, sénatrice au Parlement d'Ottawa
Michael Madden, guide
Michel Denis, guide
Denise Payette, réalisatrice et conseillère hors pair
Toufik, poète et ami

Et bien sûr :

Réjean, Kaven, Martin et Yoanis, M. André et Francis G.,
Ghislain P. et ses deux fils, Marc et Jérémie, Alain et Samuel R.,
Maurice C. et Gaétan L., Tonin, Clo et Ovi (ils se reconnaîtront)
et avec le concours de Corinne Zagara et Marie-Ange sa technicienne à Radio France Bleu Provence.

Les équipes techniques :
Andréï, Luc, Alex, Denis, Dominique, Daniel, Alexis, Robert

L'équipe de production Icotop Inc :
Laurier, Jo, Lise, France et Johanne, Karine

Sans oublier ceux pour qui j'ai fait tout cela en premier lieu :

Jesson, Alix et André Ferrand

Une mention toute spéciale à OPTION SANTÉ :
Caroline, Christian et Yvon